语文大课堂

曹文轩 编

明朗的航行

明天出版社·济南

图书在版编目（CIP）数据

明朗的航行 / 曹文轩编. —济南 : 明天出版社，2020.6
（人文大课堂）
ISBN 978-7-5708-0694-2

Ⅰ．①明… Ⅱ．①曹… Ⅲ．①阅读课—小学—课外读物
Ⅳ．①G624.233

中国版本图书馆CIP数据核字（2020）第064036号

策划组稿　刘义杰
责任编辑　刘义杰
　　　　　张　扬
美术编辑　赵孟利
装帧设计　千　秋
封面绘画　陈　然

人文大课堂　明朗的航行

曹文轩 编　彭　超 导读

出 版 人　傅大伟
出版发行　山东出版传媒股份有限公司
　　　　　明天出版社
　　　　　山东省济南市市中区万寿路19号　　　邮编：250003
　　　　　http://www.sdpress.com.cn　　http://www.tomorrowpub.com
经　　销　新华书店
印　　刷　山东德州新华印务有限责任公司
版　　次　2020年6月第1版
印　　次　2020年6月第1次印刷
规　　格　170毫米×240毫米　16开　163千字
印　　张　13.25
印　　数　1–30000
I S B N　978-7-5708-0694-2
定　　价　25.00元

如有印装质量问题　请与出版社联系调换。
电话:0531-82098710

❋目录❋

■ 审美

■ 科学

■ 自然

■ 人生

序

曹文轩

在明天出版社成功出版了"大语文"这一套语文读本之后，我一直想再为中小学生编一套人文读本。明天出版社得知我的这一想法，这几年就一直关注着，时不时地提醒着我，并越来越强烈地表示了他们想出这样一套读本的愿望。到了后来，就变成了和风细雨式的不住叮咛和催促了。他们的耐心和诚意，使我不得不停下我更想做的事情而考虑早点完成他们希望的这套读本。说老实话，无论是从何种意义上说，我更多的心思永远是在创作和学术上——我有太多的小说、太多的图画书和太多的话题要写、要做。其实，我还有其他一些很好的选题可以编书，但心思就是难以落脚到编书上，尽管我在理智上很清楚编这些书的意义绝不亚于我出版新的小说、新的图画书和学术著作。很像一只鸟，那边明明也有一片风景优美的林子，可是就是只想在它喜欢的林子里流连鸣叫。如果明天出版社的朋友们稍微放松一点他们的执着、他们的孜孜不倦，这事也就不知道到猴年马月才能"梦想成真"了。后来他们很绅士地"打上门来"了，我当场答复：现在我就开始。我要在这里感谢明天出版社，没有他们的一心一意、他们的苦口婆心、他们的密切配合，根本不可能有这10册书。

那段时间，我放下手头的一切，全心全意投入编选。

我告诉自己也告诉明天出版社的朋友：要编就编一套像样的读本。首先，面孔要新，不是将已有的各种各样的选本拿过来加以筛选、重组，凑合凑合就完事。那些天，我将我曾经看过的书、文章一一回忆，我要将那些适合中小学生阅读的文本一一找出来，于是我不停地翻书。因为时间久远，对许多文章的记忆已经模糊，就只隐隐约约地记得这些文本曾经让我喜欢过，可是已经说不清楚当时为什么喜欢了，更不能确定这些曾让我喜欢过的文本是否适合提供给中小学生阅读。我必须得回头一一重读、审视、斟酌。可是，我平时看书的习惯是随看随丢的，现在要找到它们，就很困难。我的藏书量不算大，可也不算小，这些书毫无章法地分别存放在好几处，即使能记得哪篇文章在哪本书中，却已记不得那本书此时究竟身在何处了。一连许多天，我都在焦虑地寻找。大家将会看到，选在这10本书中的一些文章是从一些专著中节选出来的，可是要在一部很久之前看过的数十万言的著作中找出那几千字所在的位置，谈何容易！在寻找这些书、这些文字的日子里，我几次想到博尔赫斯的著名作品《沙之书》。那是一本没头没尾的给主人公带来无尽烦恼的书，他必须要将它立即处理掉才能得以安宁。可是怎么样才能做到再也找不到它呢？他想起了一句古老的谚语：将一片树叶藏起来，从而永远也找不到它的最好办法就是将它丢进树林里。于是主人公将《沙之书》藏到了阿根廷国家图书馆的一个角落里，从此再也找不到了。与阿根廷国家图书馆的藏书量相比，我的那点书不过是九牛一毛、沧海一粟。但，要将一本随意丢放的书找出来，也还是有一定难度的，而我又是一个常常为找一件东西而浑身出冷汗甚至会要呕吐的人，所以在那些天，我经常处在望书兴叹、烦恼不已的状态。终于差不多找到了这些书——事实上，还有一些书至今也未能找到，我想它们也许永远也找不到了，或许是被人借去不还了，或许是被一些书痴朋友窃为己有了，或许藏在什么角落里。我将那些找到的文字细细回读，觉得不错就压上纸条，接下来的几天，就是复印，因为复印量太大，我索性将其中一部分装进纸箱交由顺丰快件寄到明天出版社，麻烦他们分担一部分复印任务。

等这些文本一一确定下来并大致编成10册之后，我逐一细看目录，颇感欣慰：不敢说每篇都是无可争辩的精品，但从整体上看，面目却是很新的。我敢说，其中大量篇章从未出现在任何名目的为中小学生编选的选本之中。因为，它们出自于我个人的阅读记忆和价值认可。

我从事文学研究和文学写作，但阅读从一开始就不怎么专业。最近我在给中小学生讲阅读方法时，讲了"细读""速读""跳读""信读""疑读"，又讲了"乱读"——如果大家觉得"乱读"不好听，就称之为"泛读"吧——广泛地读。我几十年所读的书直接与文学有关的，大致上算了一下，所占的比例充其量也就在百分之十五左右。我是一个什么书都看的人，当然，这里说"什么书都看"，不是说不分好赖、啥品质的书都看，我看书还是颇为讲究的，我说什么书都看，是指与文学学科并列的其他学科的书也看，而且一定是看那些学科的经典和具有经典性的书。这种"乱读"，倒是无意中成全了这套人文读本，因为"人文"是一个涵盖面很宽广的概念，它涵盖哲学、伦理学、政治学、历史学、心理学、经济学、人类学、语言学等多个学科。读者们看到这10册书的栏目就能感受到这一点。

"人文"至少是一个远远大于"语文"概念。语文教材所选的文本，得由始至终地从语文的角度去选，因此进入语文课本的文本百分之六十以上是文学类的——自有语文以来，基本上保持这个比例。就中国语文教科书而言，新课标出台之后，文学作品所占的比例非但没有下降，反而进一步提升，有百分之七十左右。之所以如此，其中一个最重要的原因就是：语文的根本任务在于培养学生的语言文字能力——这是人的基本能力，而文学的语言是丰富多彩的。相对于其他文类，比如说论说文，文学作品有书面语又含有口语，而论说文通常是与口语"切割"的。文学作品中的动词、形容词的丰富性大概也是其他文类难以相比的。文学作品使用了几乎一切修辞方式，并由于它的积极修辞态度，从而使语言的神奇与魅力令人感叹不已。语文的这一不可更改的规定性——这是必需的，无形之中就造成一个事实：文学以外的其他学科的文本只能少量进入语文教科书，而大量流于语文课本之外。又因为语文教科书的体量，即使符合"语文"的文本，也只能成百上千地舍弃。只有语文课本所需要的极小阅读量，其实是不可能有效地培养学生的语言文字能力的，必须要有课外的语文读本加以补充和弥补，所以我带领我的学生优中选优地编了"大语文"。这套书的编选目的很清楚：为了更好地学好语文。

　　而一个人的成长除了语言文字能力的培养，还需要人文素质的全面培养，他需要阅读"人文"名下的大量文本——有良好的人文素质，我们才可以谈论健全的人格。这就让我产生了编选一套人文读本的念头——这个念头一直潜伏在心底深处。这也是我们同心协力编一套人文读本的共同理由。它将会与"大语文"遥相呼应，成为我个人编书史上两座城堡。

　　再次谢谢明天出版社的领导和编辑们。

2020年4月27日于北京橡树湾

哲学

当我们谈论"哲学"时，我们在谈论什么？我们希望知道个体与世界的关系，我们想了解事物是怎样在运行，我们好奇智慧和真理的模样。

柏拉图认为哲学是一种真正解放性的力量，万事万物去掉俗世的遮蔽，将本真展现出来。亚里士多德认为求知是人类的本性，人们对身边不了解的事物感到惊奇，进而对宇宙的奥秘进行追问，而当你不断提问的时候，你正在哲学的道路上行进。爱因斯坦把哲学理解为对知识的追求，认为哲学是科学之母。

哲学会帮助我们思考人生的奥秘。《洁净的东西》提醒你观察身边事物的美；《凯斯勒太太》让我们去坦然应对生活的挑战；《乔纳森·霍顿》让我们去了解普通人的一生，提醒我们进行一次精神还乡；《俄罗斯》展现了一位诗人对祖国的热爱与关切，将个体的命运与国家的未来联系在一起；《给云雀》给予我们光明与希望。

洁净的东西①

[日]清少纳言 著　于雷 译

看着洁净的东西：

陶器。

新的金属碗。

用做床席的蒲草。

将水装进容器时透过阳光见到的水影。

新的长柜。

---

①选自《枕草子》，河北教育出版社，2002年版。

导读

　　清少纳言，日本平安时代的作家。她与紫式部、和泉式部并称"平安时代的三大才女"。曾任宫中女官。清是姓，少纳言是她在宫中的官职。代表作是随笔集《枕草子》。

　　《枕草子》开日本随笔文学之先河，主要内容是清少纳言在宫廷任职期间的所见所闻。区别于当时流行的"物哀"之美，《枕草子》展现出的是明快之美。她善于捕捉事物刹那间的美，以精确的笔法描绘人生感悟。她的作品，语言不矫饰、不造作，在平淡中显示韵味，简洁而明快。

　　《洁净的东西》很好地体现出清少纳言的文风，她抓住身边事物的特点，展现出事物美的一面，陶器、金属碗、蒲草、水影、长柜，都是洁净的。简短的文字显得随性自在，不见雕琢之痕，有明朗自然的风韵，也表达出作者对事物的爱怜和对生活的热爱。

乔纳森·霍顿①

［美］马斯特斯 著　凌越、梁嘉莹 译

这儿有一只乌鸦的呱呱声，

还有一只画眉犹豫的歌声。

这儿有远处牛铃的叮当声，

在希普利的小山上一个农夫的声音。

果园外的森林仍然

带着仲夏的沉静；

沿着那条路一辆四轮马车咯咯吱吱地响，

运载粮食，去往阿特伯里。

一个老男人坐在一棵树下睡觉，

一个老女人横过那条路，

带着一篮筐黑莓正从果园那过来。

一个男孩躺在草地中

---

① 选自《匙河集》，人民文学出版社，2019年版。

靠近那个老男人的双脚，

抬头看着那飘浮着的云朵，

渴望着，渴望着，渴望着

为了什么，他不了解的：

为了成年，为了人生，为了这未知的世界！

然后三十年过去了，

那男孩被生活累得筋疲力尽，回来了，

发现那果园已消失，

那森林不见了，

那房子转让了，

那条路被汽车弄得尘土飞扬——

而他自己渴望着那座小山！

导读

马斯特斯（1868—1950），美国诗人。代表作是诗集《匙河集》，收录了两百余首墓志铭形式的短诗。

马斯特斯在诗集中虚构了一座名为"匙河"的小城，其原型可能是马斯特斯少年时居住过的伊利诺伊州刘易斯敦。小城生活、城外橡树山下的墓地、流淌的匙河给诗人留下深刻的印象。诗人仿照古希腊悼亡诗的形式，将他当律师时接触到的各色人物写入诗中。两百余首短诗建构起一座美国中西部小城镇，马斯特斯也因此被称为"再现一座美国中西部小城风情的作家"。

《乔纳森·霍顿》这首诗写的是一位名为乔纳森·霍顿的男性，三十年前他对未知的世界充满渴望，三十年后他又重新回到故土，被生活折磨得疲倦不堪。诗歌以简洁精炼的语言，概括了一个普通人的一生。

凯斯勒太太[①]

[美] 马斯特斯 著　　凌越、梁嘉莹 译

凯斯勒先生，你知道的，在军队里，

他每月领取六美元养老金，

还在角落里谈论政治，

或者坐在家里读《格兰特回忆录》；

而我靠洗衣支撑这个家，

并从人家的窗帘，床单，衬衫和裙子

了解所有人的秘密。

衣物从簇新总要变得老旧，

他们会用更好的替换或根本不换：

折射人们是在发达还是衰落中。

而租金和补丁随着时间扩大；

没有线和针可以抵挡老化的速度，

---

①选自《匙河集》，人民文学出版社，2019年版。

还有肥皂难以清洗的污渍，
还有不知不觉褪去的颜色，
尽管因为损坏一条裙子你被责备。
手帕，桌布，拥有它们的秘密——
洗衣妇了解全部人生。
而我，那个在匙河参加过所有葬礼的人，
我发誓死者的脸看起来
就像要浆洗和熨烫的衣服。

导读

　　马斯特斯（1868—1950），美国诗人。代表作是诗集《匙河集》，收录了两百余首墓志铭形式的短诗。

　　《凯斯勒太太》选自《匙河集》，写的是一位普通的洗衣妇，她生活在一座名为"匙河"的小城，靠洗衣服支撑着家。诗歌写凯斯勒太太，却先从凯斯勒先生说起，他可能是一位退伍军人，每月有六美元养老金，但这显然不足以养家。这位凯斯勒先生只关心政治，或者阅读《格兰特回忆录》。凯斯勒太太能够从要洗的衣物中发现生活的秘密，因为人们的生活状况，发达或者衰落，都会体现在衣物的状况上。她还能从自己的工作中了解人生的真相：谁都无法抵挡时间的脚步。

俄罗斯①

［俄罗斯］勃洛克 著　严凌君 译

又像在黄金时代，
三具磨损的皮颈套破裂，
有彩绘的辐条渐渐陷入
松软的车辙里……

俄罗斯，贫穷的俄罗斯，
你的木屋的颜色暗淡如灰，
你那随风飘扬的歌声——
就像我恋爱时第一次流下的眼泪！

我不知道怎样怜惜你，

---

①选自《青春读书课系列：人间的诗意——人生抒情诗读本》，商务印书馆，2003年版。

我小心地背着自己的十字架……
任凭你把强悍的美色
奉献给任何一个诱惑者吧！

让他引诱也好，欺哄也好——
你总不会垮台，不会灭亡，
只是忧患会把一层尘土
掩盖住你美丽的容光……

这算得了什么？哪怕有更多的忧患，
哪怕河流中泪水充盈，
你依然如故——森林、田野，
还有裹到眉毛的印花头巾……

不可能的事情也成为可能，
只要头巾下晶莹的眼睛
刹那间在道路的远方闪亮，
只要马车夫低沉的歌声
唱出牢狱里的忧伤，
漫长的道路就会变得轻松，欢畅……

(1908年)

导读

　　勃洛克（1880—1921），俄罗斯诗人，是公认的"声望最高的象征主义巨匠"。他的代表作有早期作品《美妇人集》，转折时期作品《白雪假面》《城市》《可怕的世界》等，以及著名长诗《十二个》。

　　勃洛克是出自俄罗斯贵族的最后一位大艺术家，代表了一个旧的时代，对阿赫玛托娃等诗人有深远影响。勃洛克的作品，不论是忧伤唯美的象征主义抒情诗歌，还是慷慨激昂的现实主义诗歌，都让人着迷。

　　《俄罗斯》这首诗歌是一首现实主义作品。1905年革命失败后，俄罗斯处于混乱状态，民众呻吟，知识分子为之叹息，诗人勃洛克也为之忧伤。他将关怀的目光投向自己的家园，写下了这首《俄罗斯》，试图寻找新的希望。

给云雀①

[英] 雪莱 著　查良铮 译

祝你长生，欢快的精灵！

谁说你是只飞禽？

你从天庭，或它的近处，

倾泻你整个的心，

无须琢磨，便发出丰盛的乐音。

你从大地一跃而起，

往上飞翔又飞翔，

有如一团火云，在蓝天

平展着你的翅膀，

你不歇地边唱边飞，边飞边唱。

①选自《雪莱抒情诗选》，人民文学出版社，1958年版。

下沉的夕阳放出了

金色电闪的光明，

就在那明亮的云间

你浮游而又飞行，

像不具形的欢乐，刚刚开始途程。

那淡紫色的黄昏

与你的翱翔融合，

好似在白日的天空中，

一颗明星沉没，

你虽不见，我却能听到你的欢乐：

清晰，锐利，有如那晨星

射出了银辉千条，

虽然在清澈的晨曦中

它那明光逐渐缩小，

直缩到看不见，却还能依稀感到。

整个大地和天空

都和你的歌共鸣，

有如在皎洁的夜晚，

从一片孤独的云，

月亮流出光华，光华溢满了天空。

我们不知道你是什么，

什么和你最相像？

从彩虹的云间滴雨，

那雨滴固然明亮，

但怎及得由你遗下的一片音响？

好像是一个诗人居于

思想的明光中，

他昂首而歌，使人世

由冷漠而至感动，

感于他所唱的希望、忧惧和赞颂；

好像是名门的少女

在高楼中独坐，

为了抒发缠绵的心情，

便在幽寂的一刻

以甜蜜的乐音充满她的绣阁；

好像是金色的萤火虫

在凝露的山谷里，

到处流散它轻盈的光

在花丛，在草地，

而花草却把它掩遮，毫不感激；

好像一朵玫瑰幽蔽在

它自己的绿叶里，

阵阵的暖风前来凌犯，

而终于，它的香气

以过多的甜味使偷香者昏迷。

无论是春日的急雨

向闪亮的草洒落，

或是雨敲得花儿苏醒，

凡是可以称得

鲜明而欢愉的乐音，怎及得你的歌？

鸟也好，精灵也好，说吧：

什么是你的思绪？

我不曾听过对爱情

或对酒的赞誉，

迸出像你这样神圣的一串狂喜。

无论是凯旋的歌声

还是婚礼的合唱，

要是比起你的歌，就如

一片空洞的夸张，

呵，那里总感到有什么不如所望。

是什么事物构成你的

快乐之歌的源泉？

什么田野、波浪或山峰？

什么天空或平原？

是对同辈的爱？还是对痛苦无感？

有你这种清新的欢快

谁还会感到怠倦？

苦闷的阴影从不曾

挨近你的跟前；

你在爱，但不知爱情能毁于饱满。

无论是安睡，或是清醒，

对死亡这件事情

你定然比人想象得

更为真实而深沉，

不然，你的歌怎能流得如此晶莹？

我们总是前瞻和后顾，

对不在的事物憧憬；

我们最真心的笑也洋溢着

某种痛苦，对于我们

最能倾诉衷情的才是最甜的歌声。

可是，假若我们摆脱了

憎恨、骄傲和恐惧；

假若我们生来原不会

流泪或者哭泣，

那我们又怎能感于你的欣喜？

呵，对于诗人，你的歌艺

胜过一切的谐音

所形成的格律，也胜过

书本所给的教训，

你是那么富有，你藐视大地的生灵！

只要把你熟知的欢欣

教一半与我歌唱，

从我的唇边就会流出

一种和谐的热狂，

那世人就将听我，像我听你一样。

导读

　　雪莱（1794—1822），英国浪漫主义诗人。代表作有《解放了的普罗米修斯》和《西风颂》等。

　　《给云雀》是雪莱的抒情诗代表作之一，节奏轻快、激昂，极具艺术感染力。诗歌热情地赞颂了云雀，也体现了雪莱的精神境界和理想抱负。诗人运用比喻手法，将云雀比作诗人、少女、萤火虫，将美丽的云雀生动形象地展现在读者面前。接着，诗人又把云雀的歌声与春日的急雨、凯旋的歌声、婚礼的合唱相比较，突出云雀歌声中蕴含的巨大力量。诗人想探寻是什么构成了云雀"快乐之歌的源泉"，实则是要反思人类的"憎恨、骄傲和恐惧"。

　　云雀是理想化的诗人，《给云雀》全诗无一处不写云雀，亦无一处不写雪莱。

政治

　　如何来理解"政治"？政治影响到人类生活的方方面面。在不同的历史时期，在不同的文化中，使用不同的语言，从不同的学科角度，对政治的理解都是有所不同的。

　　《说长城》试图从国家制度的角度带领我们去理解长城的存在为什么是合理的；《圣山》是西方人眼中的中国观察笔记，展现出英国哲学家眼中的东方文明所具有的独特魅力；胡适的《乐观看中国》和林语堂的《生活的目的》原文都是英文，后被翻译为中文，前者展现出作者对中国社会的乐观态度和对中国未来的强大信心，后者则是向西方民众介绍了中国人的生活智慧。

说长城①

苏力 著

　　长城是一个军事防御设施，是古代中国的伟大工程，这很直观。本节试图展示，在农耕文明与游牧文明在东亚大陆地理条件下的漫长竞争中，长城对于历史中国和中国文明的构成功能。

　　要具有宪制层面的意义，一项制度或措施或工程或战略就必须有关一个国家或王朝的创建或立国，应对的必须是一个国家的长期和根本问题，至少是"齐家""治国"和"平天下"之一，对这些问题有深远影响。或是改变了原有的基本格局，如西周的分封制，有别于夏商的部落联盟制；或是从此开创了新可能，如与秦汉郡县制相伴而来的种种创新。由于其重大，有时甚至不能简单以一时成败论英雄。如尽管孔子在世时很失败，但他主张的"君臣父子"等原则最终成为传统中国的纲常（宪法基本原则）；又如秦虽然二世而亡，却"百代皆行秦政法"。

　　因此，若从宪制层面看长城，关注的问题就不是，至少不能只是

---

①选自《大国宪制》，北京大学出版社，2018年版。题目为编者拟定。

"但使龙城飞将在，不叫胡马度阴山"——能否有个别杰出将领替代长城的功能；也不能只是孟姜女的视角，即"边城多健少，内舍多寡妇……君独不见长城下，死人骸骨相撑拄"。至少应当考虑，诸如：（1）长城是否改变了，或在多大程度上改变了农耕民族同游牧民族竞争的比较优势；（2）长城（及其配套设施）如何强化了边陲的防守，优化了边陲以及全国各地的军力配置，因此减少了历代王朝百姓若无长城就必须负担的额外赋税、兵役和劳役；（3）是否避免了农耕文明被游牧民族征服，甚或在一定程度上拓展了中原农耕文明控制和影响的疆域；（4）有无其他可行措施或制度，可以更有效地实现上述追求。这就需要更细致的分析。

首先，长城从根本上削弱了北方游牧民族本来具有的战略战术上的机动优势。秦修建长城为后代确立了"因地形，用险制塞"的基本原则，总是于两山峡谷处或河流转折处修建关城隘口。即便在无险可依的平川，也修在往来必经之地。这节约了人力和建筑材料，还起到了"一夫当关，万夫莫开"的效果。修建于高山之巅的长城往往还不只有一道墙，通常有两道甚至几道。在长城西段地势较为平坦的河套地区，以及北京北面军事地位极为重要的居庸关、山海关、雁门关一带，有几处甚至有十多重城墙。

城墙只能徒手攀越，即使无人防守，也很难通过。游牧民族的马匹因此就由军事行动的利器变成了负担。游牧民族侵入中原的难度加大了，不但迟滞了其入侵的速度，而且，即便侵入后，这个障碍也会横在其归途上。游牧民族可以集中优势兵力，突破或越过某一处或几处关隘，但劫掠了财富后，如何再次安全越过长城，撤回大漠草原？掠夺财富越多，撤回就越不易。可以血战后撤回，或者是减少掠夺，甚或放弃部分已劫掠物资以便加快北撤，但无论如何，这都会改变游牧民族南侵中原的成本收益公式！长城的存在，弱化了游牧民族南侵中原的利益驱动。两大文明竞争的基本格局也因此有所改变。

长城不仅弱化了对手的军事能力，更提升和强化了中原的军事实力。长城总是修建于有险可守或有利于防守的地段。进攻者要远征，必须在一个对其相对不利的地带进攻，这会增加其后勤保障的难度和进攻的风险。守军则可以以逸待劳，居高临下，大大降低人力和物资消耗，通常也能获得安全稳定的后勤保障。

长城不只是一道屏障，更是一个立体的防御体系。除了关隘、堡寨、墩台外，在重点守备地区，长城高墙向四方山岭逶迤延展，如蛛网四通八达，点、线、面配套。有预警区、前沿哨所，还有军营、哨营、兵站、仓库。无论在前方，还是后方，都配套建立了烽燧（烽火台）和驿传。这不仅强化了长城守军的防御，也使得整个中原王朝可以灵活有效地调配各地的兵力。

与长城配套但提前于长城修建的烽燧，在这一视角下，其功能相当于冷兵器时代的长程雷达、早期预警系统和快捷的军用通信系统。烽燧多建在视野宽广的山巅或高地上，建在平坦地区的也高达三丈。烽燧上的值班士兵有能力提前发现入侵者的动向，以逸待劳。以光（白天烟，夜间火）的形式，每昼夜接力数千里，可以确保将一些重要的基本信息传递给相邻各处驻军，并及时报告各级军政首长直至中央政府。

在某些地形复杂艰险的地区，长城还是便于兵力、物资流通的通道。看到了烽烟报警，驻守长城附近各军营的军队，在确保本防区无敌军进攻的前提下，即便在高山峻岭间或荒原大漠上，也可以沿着长城顶端的通道（有时宽达数米），快速聚集，增援某地。就此而言，长城以及长城通向后方的大路，尤其如秦直道，在古代中国构成了一种快速运兵系统。长城因此在一定程度上改变了守护边陲的方式，改守线为守点，仅在重要的关隘、关口、要塞驻守较多军队，其余地方仅派兵巡逻。军力配置的效率大大提高了。

为了实现更有效的全国性军力配置，甚至可以将强大的机动兵团留在后方，作为国家的战略预备队。在秦代，作为长城配套设施之一的是从咸阳向北直达九原郡（今包头附近）全长700多千米、宽20米以上的秦直道。秦军可以实现人马辎重的快速机动，既可迅速增援受攻击的长城守军，也可以令部分援军从其他关口出关，直接穿插到敌军后方，实行战略合围。

值得强调的是，在实行合围之际，无论敌方是否越过长城，长城的城墙都可以成为中原军队设定的包围圈的一部分，不必四面合围，只要从两个方向向里挤压被围的敌军，就可以大大节省合围敌军所必需的军队数量。中原军队实行远距离大规模战略合围的部署因此变得简单、快捷和隐秘，军队可以更有效地隐藏自己的战略意图。

作为战略防御系统设施的长城因此也可用作战术和战役上的进攻设施。借长城掩护重兵集结，准备和发起突如其来的进攻；长城内的守军大规模出城突击时，也不必太过担心自己后方的安全；相反，对方若设想切断中原突击部队的后路，事先就会犯嘀咕：万一中原军队回师反击，会同长城上的守军，很容易将自己"包饺子"。长城还可以为进攻部队提供安全的轮休和稳定的后勤保障。即便败退，也可以期待长城守军的接应，不必担心敌军骑兵前插合围。一旦撤回长城，依靠长城就可以立刻组织反击。

由于长城改善了军事通信和交通，军队的战略机动性提高了，中原王朝为保证北部安全必须部署的军队就可以大大减少，为此消耗的人力、物力和财力也会相应减少。想想，有了秦直道机动，将30万秦军部署于咸阳城周边，而不是在长城上，仅此一点，就可以节省多少运送粮草辎重的劳役！

弱化了对手，强化了自己，长城因此在客观上拓展了中原的农耕文明。尽管还不大会有人长期在长城以外地区耕牧、定居，但沿着城墙以内，就可以安全地耕作定居，也会有商旅。著名如河西走廊上的丝绸之路，这里本来是农耕与游牧文明争夺的地区，经济社会很难发展。此外，即便农耕区实际拓展并不大，游牧文明感受的活动范围挤压却很大。由于长城为守军带来了合围的便利，这就使长城外的游牧民族始终面对一种很难消除的风险，迫使他们总体上尽量靠北行动。由此，有了司马迁简洁但至今令人怦然心动的文字，即"蒙恬北筑长城而守藩篱，却匈奴七百余里，胡人不敢南下而牧马"；有了"是后匈奴远遁，而漠南无匈奴的王庭"，有了"建塞徼、起亭燧、筑外城，设屯戍以守之，然后边境得用少安"。长城本身的存在就令游牧区大大北撤了。

太容易被今人忽视的一点是，与许多现代军事措施和装备技术不一样，长城是一种农耕文化的垄断品或专用技术。只能为中原王朝防卫北方游牧民族所用，无法为对手使用或复制。相关的所有建造技术知识都是公开的，但长城却只能为农耕民族甚至为生活在特定区域的农耕民族建造和利用。游牧民族可以占领长城，但其生产生活方式注定了他们无法利用长城、烽燧来守卫和预警农耕民族的军队。除非放弃游牧，学会农耕，否则他们无法使用这类军事设施，因此不值得学习相关的建造技术知识。甚至，北方游牧或其他民族，也只有在入主中原之后，才能理解长城对于治理这个大国的军事政治用途，才会修建或利用长城来防范其他北方游牧民族，甚至防范自己当初的盟友。

正因为对于中原百姓和政权，乃至对于中国文明有着深刻、广泛和持久的效用，长城才会在历史长河中逐渐在北部边陲耸起，并通过了农耕时代的时间检验。也有证据表明，每一代中原王朝的决策者，在修建长城之前，都对本朝各种替代措施的成本收益，有过仔细比较和整体盘算。

导读

苏力，生于1955年，北京大学教授。他的研究领域为法学理论、法律经济学、法律社会学、社会制度等。著有《法治及其本土资源》《制度是如何形成的》《大国宪制》等。

《说长城》节选自《大国宪制》，是作者融合多学科知识，从宪制的视角，论述了"长城对于历史中国和中国文明的构成功能"。

作者提出要从宪制层面看长城，考虑长城是否改变农耕民族与游牧民族竞争的比较优势；长城是如何强化边陲防守，优化军力配置，减少百姓若无长城则必须负担的赋税、兵役与劳役；长城是否拓展农耕文明控制和影响的疆域，中原王朝是否制定了可行措施或制度来保证长城起到重要作用。

圣 山①

[英] 高兹沃斯·洛斯·狄金森 著 罗选民 译

　　火车到达泰安府时已是子夜时分，其时月满如盘，我们越过田野，穿过几条裸躺着一些睡客的旧巷子之后，跨进了一座嵌在高墙上的大门。途经之处，厅堂、凉亭三三两两，又路过几处空地，那里月光如泻、树影斑驳。上下了一段台阶后，我们终于到达一座柏树成群的庭院。当夜，我们便在一条游廊里休憩，翌日清晨一睁眼，看到头顶的树叶似乎与天相接。我们先行游览了巍峨的寺庙，参观遗迹——这里有唐代的铁器，宋朝的石碑，还有据说在公元前就生长于此的古木，以及刻满乾隆御笔的石碑和一间间破败不堪的厅堂。另外，一座座院落杂草丛生，偶有残垣断壁、大门和高塔。下午，我们便开始登泰山，此山是中国众山之首，也大抵是世界上最常为游人所造访的名山。根据传统，泰山是那些知名的帝王祭天的地方。听说孔夫子于公元前六世纪就曾登顶，并感叹"登泰山而小天下"。伟大的秦始皇也于公元前三世纪至

---

①选自《西南联大英文课》，中译出版社，2019年版。

此，而乾隆皇帝则于十八世纪在这里题词铭文。三千年来，数百万谦卑的香客在这条陡峭而狭窄的山路上艰难跋涉。山路陡峭因其从无迂绕，而是沿一条小河的河床径直而上。泰山十八盘有双崖夹道，犹如天门云梯，自下向上望去，蜿蜒耸立，险峻无比，直到与天穹相接，这足以让任何一个狂热的旅者望而却步。我们比较有幸，可以在部分路段乘轿子通过。旅程异常精彩，在那些低缓的山坡上，我们途经了一道道大门和一座座庙宇。杨树叶的影子点缀着草地，成荫的柳树环绕着小溪，溪水一路上好像从一片碧绿的水塘落入了另一片碧绿的水塘。地势较高处散种着几棵松树。此外，这里还有光秃秃的岩石，虽然光秃，却也极美，充满了奇形意趣，这与我在中国其他地区的山中所见到的一样。

中国人更宜于欣赏此类美景。沿山路而上，岩石上镌刻着文字，它们记载的是泰山的魅力与神圣。这其中有些出自帝王之手，十八世纪伟大的艺术赞助人乾隆皇帝便题字不少。到此的游人被告知，那些文字既是书法艺术之经典，又是文学创作之范例。实际上，据中国标准来看，书法艺术与文学创作彼此依存，浑然一体。最受游客青睐的景点，其名字本身就充满诗意：有亭曰"凤凰亭"，有泉称"白鹤泉"，有塔名"灵岩塔"，有山顶之门叫作"云门"。另有更为朴实却魅力不减的一处景致是块刻着"三笑处"的石头，因为有官员聚集于此饮酒时畅谈了三个极其有趣的故事而得名。很有意思吧？的确，中国人颇具谐趣。

登峰之时天已暮黑，于是我们就在山顶的寺庙里留宿。这庙是为道教神祇玉皇大帝而建，因此，我们就在玉帝和他身边诸位神明的塑像注视下休息，但直到月亮升起之时我们方才入睡。那是一轮橙色的圆月，从地平线上升起，轻盈地爬上天空，月光从五千英尺高的山顶一泻而下，将山底流淌的河流映成了一条银色的带子。

翌日清晨日出之时，只见北边和东边群山叠嶂，绵延不绝，一直伸向地平线；而南边则地势平坦，五十多条小溪闪着光芒从山谷奔向河流。放眼望去，百山坐落，千峰林立。一千多年前，唐代著名诗人李白与五位友人一同隐居于此，饮酒作诗，史称"竹溪六逸"。我有时在想，他们相聚之时大概也沐浴在这晨光之中吧。我们在山上停留了一整日。随着时间的消逝，这里愈发显现出"神圣之地"的端倪。但何以为"神"呢？在这"神圣之地"，此类问题总是难以回答，因为有多少敬神者，就有多少关于神的理解。泰山的寺庙为不同的"神"而建，有的为泰山本身而建，有的为泰山娘娘——碧霞元君而建。泰山娘娘很像卢克莱修为之献上颂词的维纳斯女神——一处碑文称她泽被万物，霞光万丈，宛如青天——是一位慈祥的母亲，为女人送子添女，为孩子祛除病痛。有的为北斗星君而建；有的建给青帝，因为他为树木披上绿装；也有建给追云者或其他神仙的。在这诸庙宇中，难道没有天神之位吗？如果真的这样认为，就太缺乏想象力了。当人们膜拜泰山时，他们敬拜的是山上的岩石，还是山之灵魂，或是那无实地寄放的神明？我们相信，日出中站立于此进行敬拜之人，他们敬拜的是后者。那么玉皇大帝只是一座神像吗？在我们留宿的庙宇中，有乾隆皇帝的三句诗：

佐天生万物，护国福烝民，造万世福祉。

这三句诗，其宗教色彩不亚于任何一段希伯来文字。倘若众人在泰山拜神被以"迷信"之名反对，那么从古至今任何地方的拜神行为都应以迷信论之。人们对泰山和中国其他名山的仰慕、寺院和庙宇的选址、精美的石刻以及建立于秀丽景色中的各种亭台楼阁，都印证了某种独特的天赋。在英格兰，我们的山之秀美堪比中国的任何一座，但我们的"圣山"位居何处？在古希腊、意大利、现今的中国等所有国度都迷人的神话传说，那么人类对自然之爱的外在表现又在何处呢？

伟大的神啊，

我宁愿是个，

沉浸于旧教规的异教徒，

站在这令人神怡的草原，

看着那缓解我内心之苦的世界。

　　若是生在中国，这位出生于赤裸世界的诗人绝不会发出那样动情的呐喊。

　　一个将自然之美视为神圣的民族一定是一个能够很好感知生活核心价值的民族。数百年前，他们在尚未高度富足的物质基础上建立了伟大的文化上层建筑。西方人则在重建物质文明的同时毁坏了上层建筑。西方文明所渗透的地方不仅带来了象征着现代文明的水龙头、下水管和警察，还带来了由罗马帝国首开先河的丑陋、虚伪和庸俗。中国的第一次"西潮"顺着铁路、河流和海岸将病态的广告、波纹状的铁屋顶、庸俗而毫无意义的建筑形式卷入中国，此景令人痛惜。如同在许多古老文明中一样，我在中国看到的建筑，都与自然和谐统一，并为自然之景增添色彩。如今，西方所建的一切都是败笔。我知道许多人都真心认为这种对美的破坏无所谓，他们以为在当下对下水道和医院需求量如此之大的世界，只有颓废的艺术家才会着眼于美。我认为此言甚为荒谬。西方世界之丑陋是灵魂痼疾之表征。这暗示着西方人行为的目的已隐藏于手段之后而难见其貌。而在中国，情况恰好相反，尽管达到目的之手段并不富足，但目的本身却明晰可见。试想中国人如何对待泰山，而不久之后当西方游客大量涌入泰山时，西方人又会有何举动？中国人修筑蜿蜒石径，从任何角度看上去都美不胜收，而美国人和欧洲人只会在石径上方架构索道，看上去就像一道永难愈合的显眼的伤疤。中国人用优雅的书法在山岩上作诗，西方人则会在上面写满广告。中国人在山上修建寺庙，每一座都像是为美景锦上添花，而西方人则在山上经营餐馆和旅店，好比自然之美颜上多了许多疥疮。我可以自信地讲，西方人定会如此为之，因为他们已经在任何有机会投资的地方采取了相同的举动。不错，中国人需要我们的科学、组织和医药，但倘若认为中国人必须为此付出极高的代价，或者认为中国人在获取我们物质优势的同时，也势必同样丢弃我们已然丢弃的那种精神生活形式——一种优秀而细腻的文化，那就是我们自以为是了。西方总是大谈启蒙中国，而我愿中国也能启迪西方。

导读

高兹沃斯·洛斯·狄金森（1862—1932），英国哲学家。他终身就职于剑桥大学国王学院，因出版《来自中国官员的信札：东方人眼中的西方文明》而享有国际声誉。

相较于物质的进步，狄金森更看重精神世界。当时西方社会对物质与技术的狂热让他有所不满，与此同时，他对东方国家持有同情的态度。他在阿尔伯特·卡恩旅行基金的支持下，曾前往中国等亚洲国家旅行。

《圣山》记录了狄金森到访山东泰山的经历。他在文章中将东西方文明进行对比，认为西方人在重建物质文明的同时毁坏了上层建筑，而中国则是在尚未高度富足的物质基础上建立了伟大的文化上层建筑。他认为中国重视人与自然的和谐统一，"将自然之美视为神圣"的中华民族是值得西方学习的。

乐观看中国①

胡适 著 彭萍 译

　　过去数十年间，中国在抛弃很多传统恶习方面取得了巨大成功。中国已成功废除缠足。要知道，至少一千年来，缠足一直是中国妇女可怕的梦魇。世代沿袭的君主专制制度已经被推翻，与之相关的整个体系也随之瓦解；妻妾成群的皇室，太监，生来就拥有特权并靠他人供养的贵族，等等，都已不复存在。随着中国法律的修订和法律程序的改革，古代的酷刑和非人性的惩罚措施已得到废止。新式学校的开放，标志着"八股文"这种机械严苛的写作形式已经消失。所有的科举考试都曾以八股文为标准。过去六百年以来，为了精通八股文，整个受教育阶层浪费了最美好、最具活力的年华。

　　上述改革只是其中的一小部分，都是对旧传统更为深刻的背离。它们绝不仅是孤立的变革，更显示了人们在对重要人生阶段的态度上的根本转变。例如，妇女缠足，不仅是极端残忍和野蛮的陋习，还清晰而确

---

① 选自《亚细亚杂志》，1935年版。

凿地证明了旧传统对待妇女的普遍态度。上千年来，中国的宗教和道德哲学并未对此予以谴责和纠正。因此，废止缠足，不仅仅意味着废止了一项残忍的陋习，还预示着一种对待妇女的全新态度正在形成。从这个意义上讲，这是一次真正的道德革命。

这场关于妇女的革命源自基督教传教士发起的反缠足运动。近年来，该运动一直在持续，包括：开设女校，几乎所有大学和学院都逐渐建立了男女同校制度，妇女开始就业甚至从政，新民法承认女性拥有与其兄弟同等的继承权，与婚姻和离异相关的法律和风俗也迅速发生着变化。这场革命远未结束，但是在过去数十年间取得的成就却是两千五百多年倡导仁义道德的儒家和两千年来倡导慈悲为怀的佛家所没有想到的。我们能不称之为巨大的进步吗？

导读

　　胡适（1891—1962），思想家、文学家、哲学家。师从美国"实验主义"大师约翰·杜威，提倡"大胆地假设、小心地求证"的治学方法。

　　1917年，胡适在《新青年》上发表了《文学改良刍议》，这是倡导文学革命的第一篇文章。他还出版了中国现代文学史上第一本白话诗集《尝试集》。他宣扬个性解放、思想自由，倡导"白话文"，与陈独秀同为新文化运动的领袖。

　　胡适对人生持有乐观主义的态度。他在《乐观看中国》这篇文章中，讲述了他对当时中国的观察和思考。他列举了过去数十年间，中国在抛弃传统恶习方面所取得的巨大成就，其中重要的一项就是女性的解放，如废除缠足、开设女校。这场道德革命不仅关系到女性的命运，也关系到国家的命运，让青年学子对祖国的未来充满信心。

生活的目的[1]

林语堂 著　佚名 译

　　在概述了中国的艺术与生活之后，我们不得不承认，中国人的确是精通生活艺术的大师。他们全心全意地致力于物质生活，其热忱绝不下于西方，并且更为成熟，或许还更为深沉。在中国，精神的价值并未与物质的价值相分离，反而帮助人们更好地享受自己命定的生活。这就解释了为什么我们具有一种快活的性情和根深蒂固的幽默。一个无宗教信仰的人会对现世的世俗生活抱有一种粗野的热忱，并且融物质与精神两种价值于一身，这在基督徒是难以想象的。我们能够同时生活在感官世界和精神世界之中，而不认为两者一定会有什么冲突。因为人类的精神是被用来美化生活，提炼生活的精华，或许还能帮助生活克服感官世界中不可避免的种种丑恶和痛苦，而不是用来逃避生活，或在来世找寻生活的意义。孔子在回答一位弟子关于死亡的问题时说："未知生，焉知死？"这句话表达了一种对于生命和知识问题的庸俗、具体而实用的态

---

①选自《西南联大英文课》，中译出版社，2019年版。

度，而正是这种态度造就了我们现在国民生活及思维的特征。

这一立场为我们树立了多层级的价值尺度。这种生活标准适用于知识和人生的方方面面，解释了我们喜好与憎恶某一事物的原因。这种生活标准已经融入我们的民族意识，不需要任何文字上的说明、界定或阐释。我认为，也正是这种生活标准促使我们在艺术、人生和文学中本能地怀疑城市文明，崇尚田园理想；促使我们在理智的时刻厌恶宗教，涉猎佛学但从不完全接受其合乎逻辑的结论；促使我们憎恶机械发明。正是这种对于生活的本能信仰，赋予我们一种坚定的常识，让我们在面对生活的万千变化以及智慧的无数棘手问题时，可以做到岿然不动。它使我们能够沉着地、完整地看待生活，并维系固有的价值观念。它也教会了我们一些简单的智慧，比如尊敬老人，享受家庭生活的乐趣，接受生活，接受性别差异，接受悲哀。它使我们注重这样几种寻常的美德：忍耐、勤劳、节俭、中庸与和平主义。它使我们不至于发展某些怪异、极端的理论，不至于成为自己智慧产品的奴隶。它赋予我们一种价值观，教会我们同时接受生活给予我们的物质和精神财富。它告诉人们：归根结底，只有人类的幸福才是一切知识的最终目标。于是我们得以在命运的浮沉中调整自己，欣欣然生活在这个行星之上。

我们是一个古老的民族。在老人看来，我们民族的过去以及变化万端的现代生活，有不少是浅薄的，也有不少确实触及了生活的真谛。同任何一个老人一样，我们对进步有所怀疑，我们也有点懒散。我们不喜欢为一只球在球场上争逐，而喜欢漫步于柳堤之上，听听鸟儿的鸣唱和孩子的笑语。生活是如此动荡不安，因而当我们发现了真正令自己满意的东西，我们就会抓住不放，就像一位母亲在黑暗的暴风雨之夜里紧紧搂住怀中的婴孩。我们对探险南极或者攀登喜马拉雅山实在毫无兴趣，一旦西方人这样做，我们会问："你做这件事的目的何在？你非得到南极去寻找幸福吗？"我们会光顾影院和剧场，然而内心深处却认为，相比银幕上的幻象，现实生活中儿童的嬉笑同样能给我们带来欢乐和幸福。如此一来，我们便情愿待在家里。我们不认为亲吻自己的老婆必定寡淡无味，而别人的妻子仅仅因为是别人的妻子就显得更加楚楚动人。我们在身处湖心之时并不渴望走到山脚下，我们在山脚下时也并不企求登至山顶。我们信奉今朝有酒今朝醉，花开堪折直须折。

人生在很大程度上不过是一场闹剧，有时最好做个超然的旁观者，或许比一味参与要强得多。我们就像一个刚刚醒来的睡梦者一样，看待人生用的是一种清醒的眼光，而不是带着昨夜梦境的浪漫色彩。我们乐于放弃那些捉摸不定、令人向往却又难以达到的东西，同时紧紧抓住不多的几件我们清楚会给自己带来幸福的东西。我们常常喜欢回归自然，以之为美和真正的、深沉的、长久的幸福的永恒源泉。尽管丧失了进步与国力，我们还是能够打开窗子，聆听金蝉的鸣声，欣赏秋天的落叶，呼吸菊花的芬芳。秋月朗照之下，我们感到心满意足。

我们现在身处民族生活的秋天。在我们生命中的某一时刻，无论是民族还是个人，都为新秋精神所渗透：绿色错落着金色、悲伤交织着欢乐、希望混杂着怀旧。在这一时刻，春天的单纯已成记忆，夏日的繁茂已为空气中微弱回荡着的歌吟。我们看待人生，不是在筹谋怎样发展，而是去考虑如何真正地活着：不是怎样奋发劳作，而是如何珍惜当下的宝贵时光尽情享乐；不是如何挥霍自己的精力，而是养精蓄锐，应对冬天的到来。我们感到自己已经到达某个地方，安顿下来，并找到了自己想要的东西。我们还感到已经获得了某种东西，这与过去的荣华相比尽管微不足道，却像是褪去了夏日繁茂的秋林一样，仍然有些余晖在继续放光。

我喜欢春天，可它过于稚嫩；我喜欢夏天，可它过于骄矜。因而我最喜欢秋天，喜欢它泛黄的树叶、成熟的格调和斑斓的色彩。它带着些许感伤，也带着死亡的预兆。秋天的金碧辉煌所展示的不是春天的单纯，也不是夏天的伟力，而是接近高迈之年的老成和睿智——明白人生有限，因而知足。这种"生也有涯"的感知与丰富的人生经验变幻出和谐的秋色；绿色代表生命和力量，橘黄代表金玉的内容，紫色代表屈从与死亡。在月光照耀下，秋天陷入沉思，露出苍白的神情；而当夕阳的余晖抚摸她面容的时候，她仍然能够爽悦地欢笑。山间的晨风拂过，枝杈间片片颤动着的秋叶舞动着飘向大地，你真不知道这落叶的歌吟是欣喜的欢唱还是离别的泪歌，因为它是新秋精神的歌吟：镇定、智慧、成熟。这种歌吟用微笑面对悲伤，赞颂那种令人振奋、敏锐而冷静的神情——这种秋的精神在辛弃疾的笔下表现得最为恰切：

　　少年不识愁滋味，爱上层楼。爱上层楼，为赋新词强说愁。
　　而今识尽愁滋味，欲说还休。欲说还休，却道"天凉好个秋"！

导读

　　林语堂（1895—1976），作家、翻译家、语言学家。曾创办《论语》《人间世》《宇宙风》等刊物，著有长篇小说《京华烟云》，散文集《生活的艺术》《人生的盛宴》《吾国与吾民》，译著有《东坡诗文选》《浮生六记》等。

　　林语堂提倡"以自我为中心，以闲适为格调"的小品文，善于用坦率幽默的笔调、睿智通达的语言将中国人的精神状态与道德准则娓娓道来。在他的笔下，中国的社会、文艺与生活情趣都得到了精彩的呈现。

　　《生活的目的》讲述了中国人的处世哲学和生活态度。中国人能够将精神与物质结合在一起，"未知生，焉知死"，这种对生命的"庸俗、具体而实用的态度"，即是证明。这种生活态度对中国人的各方面都带来深刻影响，并形成了中国人独有的价值观念。作者所赞扬的是新秋精神：镇定、智慧、成熟。

审美

美是什么？这关系到人如何看待自我与世界的审美关系。美是生活，美是理念，天地有大美而不言。美是在一定的关系中存在的，需要有审美主体，又有赖于审美客体。

康德在《判断力批判》中划分了两种审美判断力，对美与崇高进行了分析。黑格尔在《美学》中研究了建筑、雕刻、绘画、音乐、诗歌的美，并将其划分为象征型（建筑）、古典型（雕刻）、浪漫型（绘画、音乐、诗歌）三大类型。关于美，每个人都有自己独特的观点。

圣埃克苏佩里在飞行的时候见识到自然的辽阔之美；秦牧观察到榕树的力量之美；罗丹建议用真诚的态度来面对艺术，向自然学习美的真谛；伊凡·蒲宁带领着我们从迷雾中冲出，享受早晨的美妙。这些都是美，美就诞生在我们与大自然和谐相处，领悟自然奥秘的时刻。

《风沙星辰》自序（节选）①

［法］圣埃克苏佩里 著　梅思繁 译

　　大地所给予我们的一切，比这个世界上任何的书籍都更为渊博，因为它始终在挑战着我们。人类在遭遇阻碍的那一刻，也恰恰是他们发现自我、了解自我的契机。为了踏上大地的每一个角落，我们必须拥有合适的工具，比如一张犁、一把刨子。农民在耕作中，总能借助着他手里的工具，一点一点地挖掘到那属于自然的各种秘密。而这些隐藏在土地中的奥秘，又时常蕴含着普世的真理。飞机就是这样一种工具，它引领着人们走到世界面前，审视着、解读着千百年来困扰人类的关于宇宙的种种。

　　我的眼前始终浮现着第一次在阿根廷的夜间飞行。昏暗的夜晚，平原上微弱的光线，好像空中零落的星光。

　　这片黑暗的海洋中的一切，都在诉说着意识的存在有多么地珍贵。那一刻，也许有的人正在阅读思考，互相倾诉着各自的心声；也许有的

---

① 选自《风沙星辰》，湖南文艺出版社，2012年版。

人正全神贯注地探索着宇宙的奥秘，计算着仙女座离我们究竟有多远；还有的人，在某一个角落，相爱着。远处乡间闪动的火焰，是人们在等待食物的信号。这些人里面，有诗人、老师和木匠。然而，在这片闪烁的星空下，又有多少关闭的窗户，暗去的星光，与沉睡着的人们……

我们要试着走近这一切，和乡间那灯火阑珊处，轻轻地聊上几句。

导读

　　圣埃克苏佩里（1900—1944），法国作家。他是法国最早的飞行员之一，1944年在执行侦察任务时失踪。代表作有童话《小王子》，小说《夜航》，散文集《风沙星辰》等。

　　圣埃克苏佩里热爱冒险和自由，他的作品是他一生的思想写照与行动实录。作为一位兼有飞行员身份的作家，他从航空角度来探索人生与文明的奥秘。他善于在作品中描绘雄奇壮丽的情景，带给读者心灵的震撼。

　　《风沙星辰》，又被译为《人类的大地》，是一部散文集，作者将自己当飞行员的感受和思考融入文字中。他见过风沙星辰，也见过浩瀚汪洋，这些真实的冒险经历影响着他对文明、对自我的看法。在孤独的夜间飞行中，他的灵魂得以升华，他在作品中对此进行了真诚而细腻的描绘，让人感触颇深。

榕树的美髯[①]

秦牧　著

如果你要我投票选出几种南方树木的代表，第一票，我将投给榕树。

有一些树木，由于具有独特的状貌和性质，很容易让我们产生联想，把它们人格化。松树使人想起志士，芭蕉使人想起美人，修竹使人想起隐者，槐树之类的大树使人想起将军。而这些老榕树呢，它们使人想起智慧、慈祥、稳重而又饱经沧桑的老人。它们那一把把在和风中安详地飘拂的气根，很使人想起小说里"美髯公"之类的人物诨号。别小看这种树的"胡子"，它使榕树成为地球上"树木家族"中的巨无霸。动物中的大块头，是象和鲸；植物中的大块头又是谁呢？是槐树、桉树、栗树、红松之类吗？对！这些都是植物界中的巨人或者胖子。但是如果仅以一株树的母本连同它的一切附属物的重量来计算，世界上没有任何一种树能够压倒榕树这种古怪的常绿乔木。榕树那一把一把的气

①选自《长河浪花集》，人民文学出版社，1978年版。

根，一接触到地面就又会变成一株株的树干，母本连同子树，蔓延不休，独木可以成林。广东的新会县有一个著名的"鸟的天堂"，江中洲渚上的林子里住满鹭鸶和鹳，晨昏时形成了百鸟绕林的美景。那一片江心洲渚中的小树林，是由一株榕树繁衍而成的。在那里，已经分不出哪一株树是原来的母本了。

有些植物，羞涩地把它们的茎也生到地下去。但是，榕树不仅让根深入地下，也让它们凸显在地面；不仅凸显在地面，还悬挂在空中；甚至盘缠贴附在树干上，使这些错综纠缠、变化万千的树根形成了老榕的古怪的衣裳。再没有一种植物，把"根"的作用显示于人类之前，像榕树这样地大胆和爽快了。

在名山胜地的悬崖峭壁上，我甚至看过一些榕树，不需要多少泥土，也能够生长。一粒榕树种子落在峭壁上，依靠石头隙里一点点的泥土，好家伙！竟成长起来了。它的根不能钻进坚硬的石头，就攀附在石壁上生长，在这种场合，这些根简直像一条条钢筋似的。它们发挥了奇特的作用，把石壁上的一点一滴的营养，都兼收并蓄，输送到树干上去了。因此，你若看到有一株扭曲了的榕树在石壁上安详地生长，一点儿也用不着惊奇。这样重视根的树木，在适宜的气候之中，在什么地方不能生长呢？

一个人有时感触于某种景象，常常会涌起一种童稚似的感情。我们念过童话、神话、民间传说，那里面，老树不是像人一样会说话的吗？有时在榕树下乘凉，我就不禁想象：榕树真像那种智慧、慈祥、稳重而又饱历沧桑的老人！他是"智者不惑，仁者不忧，勇者不惧"的人物，仿佛什么时候都在抚髯微笑，像一个旷达的长者那样告诉在他身旁乘凉的小孩（反正我们和他比起来都是小孩）："根是最重要的！你有了越多的根，你就可以吸收到越多的营养。你的根扎得越深，你和培育你的土地关系越密切，你就越有力量了。一株真正坚强屹立着的树是不怕烈日、风暴、旱患、水涝的。你瞧我，我抚育后代，不怕他们超越我，我具有这样的胸怀，任何从我的身体分出去而生长起来的小榕树，也都维护了我、壮大了我。"每一株长髯飘拂的老榕起码总有两三百岁的年龄吧，想起它们经历的沧桑，想起它们倔强的生命，想起它们亲历了中国百余年来波澜壮阔的巨变，不禁使人对榕树感到深深的敬爱。

导读

秦牧（1919—1992），原名林觉夫，散文家。与杨朔并称中国散文界的"南秦北杨"。主要著作有散文集《花城》《长河浪花集》《花蜜和蜂刺》《秦牧散文选》等，文论集《艺海拾贝》《语林采英》等，以及长篇小说《愤怒的海》，儿童文学集《巨手》等。

秦牧的散文取材广泛，言近旨远，哲理性强。他善于将写景抒情与叙事议论巧妙融合，景中有情，景中生议。他的散文格调高昂，立意深刻，通过描写景物来赞美祖国和人民，给予读者思想上的启示。

《榕树的美髯》描写了榕树的根，将榕树比喻为"智慧、慈祥、稳重而又饱经沧桑的老人"，实际上是赞美历经百年巨变的中国，表达了对祖国的无限敬爱之情。

罗丹遗嘱[①]

[法] 罗丹 著　沈琪 译

青年们，想做"美"的歌颂者的青年们，在这里你们能找到一个长期经验的撮要，这也许对于你们而言是高兴的事。

生在你们以前的大师，你们要虔诚地爱他们。

在菲狄亚斯和米开朗琪罗的面前，你们要躬身致敬。崇尚前者神明的肃穆和后者狂放的忧思吧。对于高贵的人，崇仰是一种醇酒。

可是要小心，不要模仿你们的前辈。尊重传统，把传统所包含的永远富有生命力的东西区别出来，即对"自然"的爱好和真挚。这是天才作家的两种强烈的渴望，他们都崇尚自然，从没有说过谎。所以传统把钥匙交给你们，而靠这把钥匙，你们会躲开陈旧的因袭。这就是传统告诫你们的，要不断地探求真实，不要盲从任何一位大师。

但愿"自然"能成为你们唯一的女神。

对于自然，你们要绝对信仰。你们要确信，她是永远不会变得丑恶

---

① 选自《罗丹艺术论》，人民美术出版社，1978年版。

的，你们要一心一意地忠于她。

在艺术家看来，一切都是美的，因为在任何人与任何事物上，艺术家锐利的眼光能够发现"性格"，换句话说，能够发现在外形下透露出的内在真理。虔诚地研究吧：你们不会找不着美，因为你们将遇见真理。奋发地工作吧。

诸位雕塑家，你们心里要加强领会"深度"的意义。心灵是不易和这个概念融合起来的，这个概念明显地表现出来的，无非是些平面。

从深度来想象形体，这件事情会使人发自内心地感到困难，但这才是你们的任务。

首先，要明确地安排你们要雕刻的形象的大的"面"，要鲜明地强调你对人体每个部分，比如头、两肩、盆骨、腿所支配的方向的理解。从事艺术工作要有决断。有了线条的来龙去脉，你们才能够深入空间，从而获得物体的深度。当你们把面处理好以后，一切也就找着了，你们的雕像也就有了生命——其他细节自己会来的。

塑造形象的时候，千万不要只着眼于平面，而是要在凹凸面上思考。

希望你们领悟到，所有面积，就像是正在它后边推动的体积的最外露的一面。你们要设想这个形象正迎着你们。一切生命皆从一个中心上迸生出来，然后由内到外，滋长、发芽、开花。同样，在美好的雕刻中，常潜藏着一种强烈的内心的颤动。这就是古代艺术的秘密。

而你们，画家们，也要从深度上去观察现实。譬如说，你们瞧拉斐尔的一幅肖像吧。当这位大师表现一个人物的正面的时候，他使人物的胸部斜侧，这样就显出深度的视觉感了。

所有大画家都是探测空间的，他们的力量就在这一深厚的概念中。

你们要记住这句话：没有线条，只有体积。当你们勾描的时候，千万不要只着眼于轮廓，而要注意形体的起伏。是起伏支配着轮廓。

你们要毫不松懈地训练，必须专心致志。

艺术就是感情。如果没有体积、比例、色彩的学问，没有灵敏的手，最强烈的感情也是僵硬的。最伟大的诗人，如果他在国外，不通其语言，他能做什么呢？不幸的是，在新一代的艺术家里面，有多少人拒绝说话，只是含糊其辞？

要有耐心！不要依靠灵感，它是不存在的。艺术家的优良品质，无非是智慧、专心、真挚、意志。像诚实的工人一样完成你们的工作吧！

你们要真实，青年们。但这并不是说，要平凡地精确。世间有一种低级精确，那就是照相和翻模那样的精确。有了内在真理，才开始有艺术。希望你们用所有的造型、所有的颜色来表达种种情感吧。

只满足于形似到乱真、拘泥于无足道的细节表现的画家，将永远不能成为大师。要是参观过意大利境内的墓地的话，你们必定会注意到那些负责装饰墓地的艺术家，他们多么幼稚，以在雕像上模仿刺绣、花边、发辫为能事。也许他们做得的确精确，但既然不是出于自己的心灵，那就不会真实。

几乎我们所有的雕塑家，都使人联想到意大利的墓地雕塑。在我们公共广场的雕塑上，我们所能识别的只是些衣服、桌子、椅子、机器、氢气球、电报机，没有一点内在的真理，也就没有一点艺术。你们要厌恶这些旧货铺里面的东西。

你们要有非常深刻的、粗犷的真情，千万不要迟疑，把自己感觉到的表达出来，即使和存在着的思想是相反的。也许最初你们不被了解，但你们的孤独是暂时的，许多朋友不久会走向你们——因为对你一人是真实的东西，对众人也是非常真实的。

可是不要扮鬼脸、做怪样来吸引群众。要朴素、率真！

最美的题材摆在你们面前，那就是你们最熟悉的人物。

不幸早逝的、我所挚爱的、伟大的画家尤金·加利哀，就是以画他的妻子和他的儿女而显现出他的天才的。但歌颂母爱，足以使他崇高。

所谓大师就是这样的人：他们用自己的眼睛去看别人见过的东西，在别人司空见惯的东西上发现美。

拙劣的艺术家，常戴着别人的眼镜。

所谓要点，是感动，是爱，是希望、战栗、生活。在做艺术家之前，先要做一个人！帕斯卡说过，真正善于言辞的人是蔑视巧舌如簧的；同样，真正的艺术是忽视技巧的。这里，我再举加利哀为例：在每次展览会上，大部分的画不过只是画而已；而他的画，就好像开向人生的窗子！

你们要欢迎正确的批评，这是你们容易识别的。当你们被围在疑难之中，使你们不再犹疑的就是这些批评。可是，不要被自己的良心所不能接受的批评伤害了你们。

不要怕不公正的批评。这种批评会激起你们朋友的反感，会逼得他们在对于你们的同情上加以思考；而当他们明白并识破这些批评的动机以后，他们对你们的同情会更加明显地表露出来。

如果你们的才艺是新颖的，那么最初志同道合的人可能很少，而敌人可能很多。但你们不要失望，前者将会得到胜利，因为他们知道为什么爱你们；而你们的敌人不知道为什么你们使他讨厌。前者热爱真理，时时替真理吸收新的信仰者；后者对自己的谬见，不会有经久的热诚。前者坚韧不拔，后者随波逐流。真理的胜利是必然的。

你们不要浪费时间，在交际场中和政治圈里拉关系。你们会看到许多同行钩心斗角、谋求富贵——这些人不是真正的艺术家，可是其中不乏聪明的人。如果在他们的地盘上打算和他们争名逐利，你们将和他们同样浪费时间，直至耗尽你们的一生，你们再也不会有一分钟的时间去做艺术家了。

你们要热爱你们的使命，没有什么比这个使命更美好的了。它比庸俗所想的高尚得多。

艺术家就是最伟大的榜样。他尊重自己的事业：他最珍贵的酬报是做好工作的喜悦。现在的人们，唉！有人劝工人为了避免祸患去憎恨自己的工作，甚至破坏自己的工作。当人们都有艺术家的灵魂，就是说人人都快乐地从事自己的职业，那时候，世界才会美好。

艺术还是一门教人学会真诚的功课。

真正的艺术家总是冒着危险去推倒一切既存的偏见，而诚实地表现他自己所想到的东西。他就是这样将坦率传递给同伴。

试想，如果人类都绝对爱好真理的话，多么神奇的进步立刻就能实现！

啊！我们真的要将过去存在的错误和丑陋除掉，这样，我们的世界就会迅速地变成乐园！

导读

罗丹（1840—1917），法国雕塑艺术家。主要作品有《思想者》《青铜时代》《加莱义民》《巴尔扎克》等。

罗丹认为生命是最高的艺术境界，有生命的雕塑作品才能触动观赏者的心灵。雕塑的美不仅是外在形式，更是内在的生命力，残缺也可以是一种美。

《罗丹遗嘱》是罗丹写给青年的建议，他在这篇文章中提出了中肯的意见。雕塑家在进行创作的时候，要真诚，要尊重传统，更要尊重自然。他认为，对"自然"的爱好和真挚是最重要的创作动力。雕塑家需要用心灵去体会自然、观察自然，进行深度思考。艺术是情感的表达，不要一味追求低级的精确，而是要表达真实的情感。所有的作品，只有首先打动了自己的内心，才能打动观赏者的内心。艺术家面对非议和批判，要坚持自己的观点，明白艺术家真正的使命，这样才能取得伟大的成就。

雾[①]

[俄]伊凡·蒲宁 著　戴骢 译

今天是我们航海的第二天。拂晓时，我们遇到了大雾，雾湮没了地平线，似烟笼一般遮蔽了桅杆，徐徐地在我们四围弥漫开去，同灰蒙蒙的海和灰蒙蒙的天融成了一体。虽说还是冬季，可连日来天气一直暖和得出奇。高加索山脉上的积雪已开始融化，海洋也已吐出开春时节的大量水气。在混沌初开的破晓时分，轮机突然停了，旅客被这突如其来的停船，被警笛声和甲板上杂沓的脚步声惊醒了过来，一个个睡眼惺忪、冻得瑟瑟发抖、惊惶不安地聚集到舱面室来，七嘴八舌地议论着。一缕缕的雾，像是一绺绺灰白的头发，晃晃悠悠地贴着轮船飘忽而过。

我记得，起初这引起了极大的惊恐。艉楼上几乎一刻不停地敲着信号钟。烟囱喘着粗气，迸发出令人胆寒的吼声。大家都呆若木鸡地望着这越来越浓重的雾。雾忽而扩散，忽而收缩，像滚滚的浓烟似的飘来浮去。有时，迷雾把轮船团团裹住，以致我们相互都觉得对方好似在昏天黑地之中

---

① 选自《蒲宁散文选》，百花文艺出版社，2005年版。

移动的幽灵。这种阴森森的景象，使人觉得仿佛置身在秋日萧瑟的黄昏，阴湿的寒气冻得你直打哆嗦，自己也感到脸都发青了。后来，雾略略开了些，浓淡也均匀了些，也就是说，不再那么杀机四伏了。轮船又开动了，然而行驶得非常胆怯，连轮机转动引起的颤抖也几乎是无声的。船不停地敲响着信号钟，离海岸越来越远，径直朝着南方驶去。那边，真正的夜色，那像阴郁的黑页岩一般重浊的颜色，已泼满浓雾弥漫的天际，使人觉得，在那边，两步之外就是世界的尽头了，再过去便是叫人战栗的广袤的荒漠。打横桁上、门檐上、缆索上落下一滴滴水珠，从烟囱里飞出来的湿漉漉的煤粒，像黑雨一般下到烟囱的四周。真想看看清楚那阴森森的远方有些什么东西，哪怕看到一件东西也好，然而雾包围着我，它就像梦，使听觉和视觉都迟钝了。轮船好似一艘飞艇，前面是灰蒙蒙的混沌世界，睫毛上挂着冰冷的如蛛丝一般的水气。在离我不远的地方，有个水手一边抽烟，一边咬着又湿又咸的小胡髭，我有时觉得他仿佛是梦中的人……到傍晚六点钟的时候，我们又都走出了舱房。

桅杆上那盏电灯突然透过迷雾射出了亮光，远远望去，活像是人的一只眼睛。从又粗又短的烟囱里庄严地喷出一团团黑烟，低低地悬在空中。艏楼上，毫无必要地单调地敲响着信号钟，不知在哪里，"强音雾笛"正在阴森森地、凄厉地鸣叫……也许实际上并没有什么强音雾笛，这只是由于紧张过度而造成的听觉上的错觉。在漫无涯际的神秘的雾海之中，耳朵往往会觉得有什么东西在鸣响……晦暗溟濛的雾越来越阴郁了。在高处它同苍茫的天空融合在一起。在低处则在轮船的四周踯躅，几乎都要贴到在船的两侧轻微拍溅着的海水。冬日漫漫的长夜降临了。

忧悒的白昼害得大家无时无刻不在等待海难，人人都因此而精疲力竭。为了缓和白天所受的惊吓，乘客们和水手一起挤在饭厅里。轮船外已是伸手不见五指的黑夜，可是轮船内，我们这个小小的世界里却明亮、热闹、人头攒动。人们打扑克，饮茶，喝酒，侍者在酒柜和饭桌间来来去去，乒乒乓乓地打开着瓶塞。我躺在下边的卧舱里，听着头顶上杂沓的脚步声。不知是谁弹起了钢琴，奏出了一支旋律忧伤得有点做作的流行的华尔兹舞曲，于是我也想跟大伙儿一起去热闹热闹，便穿好衣服，走出了卧舱。

那天晚上，所有的人大概都过得很愉快。至少我觉得是这样，我们很高兴可以如此无忧无虑地度过今宵。大家都把迷雾和危险抛置脑后，尽情地跳着舞，唱着歌，眼睛炯炯放光。后来，大家终于累了，想去睡觉了……于是宽大、闷热、空气混浊、灯光已亮得有点病态的饭厅内，人终于渐渐走空。等到半小时后，那儿就像船上绝大多数地方一样，已经一片漆黑。间或从甲板上传来当当的钟声，在万籁俱寂的时刻，这钟声听来非常恐怖。后来钟声也越来越稀疏，越来越稀疏了……万物仿佛都已死去。

我沿着走廊，走到了下甲板，在舱面室里背靠着冰凉的大理石墙坐了一会儿……突然，连舱面室的电灯也熄了，我顿时成了瞎子。我在心里哼着这天晚上人们唱的歌曲和弹奏的乐曲，摸黑走到梯子跟前，踏着梯级，朝上甲板走去，可才走了几级，脚就不由得停下了，月夜的美丽和忧伤震慑了我。

啊，这是个多么奇异的夜晚呀！时光已经很晚，大概不消多久便是拂晓。就在我们刚才唱歌、喝酒、嘻嘻哈哈地讲着废话的当儿，在这里，在这个我们所不理解的，由太空、迷雾和海洋汇成的世界中，那温柔、孤单、始终郁郁寡欢的月亮冉冉地升了起来，让幽深的子夜笼罩万物……就跟五千年前、一万年前一模一样……雾紧紧地箍住我们，叫人看看也毛骨悚然。在迷雾中央，就像某个神秘的魅影那样，残夜里的一轮黄澄澄的月亮一面向南方坠落，一面呆定地停滞在苍白的夜幕上，好似人的眼睛，从光晕构成的向四周远远扩散开去的巨大的眼眶中俯视着人间，为轮船照出一个圆圆的深邃的孔道。这圆形孔道中具有某种《启示录》式的东西……同时，某种不属于人间的、永远沉默的奥秘存在于这坟墓般的岑寂中——存在于今天的整个长夜中，存在于轮船中，存在于月亮中，此刻月亮正近得惊人地紧挨着海面，以惆怅而又冷漠的表情直视着我的脸庞。

我慢慢地走完梯子最上边的几级，倚在栏杆上。整条轮船都在我脚下了。戳出在船体外的木头舷桥上和甲板上，东一摊西一摊长长的水迹，闪烁出昏暗的光——这是浓雾的残痕。栏杆、缆索和长凳投下像蛛丝一般轻盈的烟色的阴影。轮船、烟囱和轮机都显示出它们的中央是极其沉重的，是十分稳固的，而一根根栏杆则高耸入云，在那里晃动。但是整条轮船却仍然给人以轻盈感，活像一个化作轮船的匀称有致的幽灵，驻足在苍白的月光掀开一线雾幕而露出的孔道上。海水低低地卧在右舷外，平坦得几无一丝波纹。它，那海水，神秘地、悄无声息地摇晃着，流入浴满月光的似轻烟一般的迷雾之中，闪烁出粼粼的波光，好似无数忽隐忽现的金蛇。可是这闪光在离我二十步外就渐渐消失，再远些只能隐隐约约地看到了，变得就像失去了光泽的死人的眼睛。我举目仰望，重又觉得这轮月亮是某个神秘的魅影所变幻成的苍白的形象，而这无边的寂静则是一种奥秘，这种奥秘有一部分是我们永无可能认识，永无可能破解的……

蓦地，艟楼上响起了信号钟。钟声悲凉地一阵紧接着一阵，打破了深夜的寂静，就在同时，前方传来了忙乱的喧声和话语声。霎时间，我预感到即将发生什么危险，便睁大眼睛，紧盯着昏暗的雾。突然，一盏血红的信号灯好似一颗巨大的红宝石，在迷雾中越升越高，迅速地向我们移近。在信号灯下，一排灯火通明的舷窗像是一长串晦暗的金色斑点，一面在水气中漫漶开去，一面向我们飘近，而明轮转动的喧声，起初像是越来越近的瀑布倾泻而下的哗哗声，后来已可以听出叶片飞速转动的声音，可以分辨出海水卷入叶片和洒落下来的声音。我们船上值更的水手，像所有从梦中突然惊醒过来的人那样，一副慌里慌张的样子，机械地、不按章法地敲着信号钟，烟囱随即沉重地喘了口粗气，竭尽全力鸣响了阴郁的汽笛，震撼了轮船的整个骨架。从雾中传来了回答，很像是火车头拉响的汽笛声，但这声响亮的汽笛很快就消失在迷雾中了，此后，连明轮的喧声和红色的信号灯也慢慢地消融在雾中了。刚才与我们交会的那艘轮船的喧声和汽笛声中，有着某种气势汹汹的寻衅的味道。大概那艘轮船的船长是个刚愎自用、目空一切的年轻人，然而面对这样的长夜，凡间的勇敢又算得了什么呢！

"我们在哪儿？"我忽然想道。值更的水手们大概又都在打瞌睡了，乘客也全都坠入了黑甜乡。大雾使我心神不定，我想象不出我们此刻身在何处，因为黑海这一带我过去从未来过。我不理解这天夜里那种沉默的奥秘，一如我不理解生活中的一切。我是孤独的，孑然一身，我不知道我为什么要活在这个世界上，不知道为什么要有这样一个奇异的夜，也不知道为什么这艘睡意蒙眬的轮船要漂浮在这睡意蒙眬的海上。而最主要的是我不知道为什么这一切不是一目了然，而是充满着某种深奥、神秘的含义。

我被这岑寂的夜，被世上所从未有过的这种岑寂迷住了，我完全听命于这岑寂的主宰。有一瞬间，我恍惚听到在极远极远的地方，有只雄鸡在喔喔啼唱……我不由得笑了。"这是不可能的。"我想道，心情愉快得难以理解。此刻我觉得我以往生活中的一切都是那么渺小，那么乏味！要是这会儿我看到凌波仙子飞升到月亮上，也不会感到惊奇的……我不会感到惊奇，哪怕看到落水的女鬼浮出水来，坐到放下来的救生艇上，紧挨着客舱的舷窗，周身染满苍白的月色，此刻月亮正直视着这些圆圆的舷窗，用行将熄灭的光华照亮沉睡着的人的脸，而他们睡在那里则像一个个死人……要不要叫醒什么人？不，何必呢！此刻我不需要任何人，任何人也不需要我，我们相互间是格格不入的……

那种永远摆脱不了的巨大的忧伤反使我的心绪变得难以言说的宁

静，这种宁静主宰了我。我思索着常常吸引着我的那些事：地球上的一切生物，古代的人类……这轮月亮曾看到过他们所有的人，但是在月亮眼里，他们大概都是渺小的，彼此长得一模一样，以致月亮都没有发觉他们在地球上消失了。但是此刻我觉得他们与我也格格不入，因为我没有产生经常产生的那种强烈的渴望：渴望去经受他们的种种经历，渴望同亿万斯年之前生活过、恋爱过、痛苦过、欢乐过，然后匆匆逝去，没有留下一丝痕迹地消失在时光和世纪的黑暗之中的人融成一体。然而有一点我是深信不疑的——这便是存在着某种比遥远的古代更崇高的东西……也许，这东西就是今夜默默地蕴藏着的那种奥秘吧。我第一次想到，也许正是人们通常称之为死亡的那件伟大的事，在今夜凝视着我的脸，让我第一次如此宁静地迎候它，并且像人们应当理解它那样地理解了它。

　　早晨，当我睁开眼睛时，我感到轮船正在全速行驶，感到从好几扇打开的舷窗内拂来海滨的微风。我从铺位上跳了下来，周身重又充满一种下意识的对生活的乐观感。我迅速地漱洗完毕，穿好衣服。轮船的走廊里响起了响亮的铃声，召唤大家去用早餐，于是我打开卧舱的大门，兴冲冲地把擦得乌黑锃亮的皮靴踩到梯子上，向上登去。后来我笑盈盈地坐在甲板上，为我们必定会经历的一切，向上苍表示一种孩童式的真挚的感激。我觉得所以要有黑夜，所以要有迷雾，是为了让我更爱、更珍惜早晨。而早晨是柔和的、阳光明媚的，如绿松石一般春光曼丽的天空高悬在轮船上边，海水则轻盈地拍溅着船舷，奔流而去。

（1901年）

导读

　　蒲宁（1870—1953），俄国作家。主要作品有诗集《落叶》，中篇小说《乡村》《米佳的爱情》等。1933年，他凭借作品《米佳的爱情》获诺贝尔文学奖。

　　蒲宁是天生的抒情诗人，他善于观察，能充分调动听觉、视觉、触觉等多种感觉，在描写自然方面别出心裁，自然的灵性在他的笔下得到生动形象的体现。他的作品，语言简洁明快，富有情感，极具感染力。

　　《雾》是蒲宁的散文名篇。在这篇文章中，蒲宁对雾进行了独到而精确的观察，并用抒情性的语言进行了细腻描摹，语言朴实而富有韵味，吸引着读者一遍又一遍地阅读。黑夜中的迷雾在早晨散去，衬托出早晨的明媚与珍贵，也让读者了解到生机勃勃的俄国和穿越了迷雾的俄国人民。

科学

科学是人类进步的重要力量。古代的美索不达米亚人利用各种天然化学物质的特性来制造陶器、玻璃和金属，他们还研究动物、观察天文，尝试着解释事物。后来，在16至17世纪之间，科技革命发生了，现代科学的基础得以建立。从此，人类对宇宙和世界的认知往前迈了一大步。

科学不仅是科学家的事情，普通人也需要了解科学知识。《植物也有"喜怒哀乐"》是一篇科普文章，向读者介绍植物的情感。科学的进步离不开科学家的努力，那么科学家是怎样成长起来的？科学家需要哪些宝贵的素质？《从碗碟间走出的物理学家》讲述了英国物理学家瑞利的故事，给予我们启示。《海洋里的"超级黏合剂"》则介绍了藤壶这种海洋生物，藤壶的生存智慧给予人类灵感，"超级黏合剂"得以研发。

植物也有"喜怒哀乐" ①

杨君 著

　　最初，人类以为只有自己配有喜怒哀乐这样高级的情感。后来，科学家研究发现，不少动物也具有这样的情感。近年来，科学家还发现植物其实也有喜怒哀乐。

　　所有植物都是"好色"的。各种植物不但自身有美丽的外衣，而且有着良好的视觉，它们能辨别各种波段的可见光，尽可能地吸收各自喜爱的光线。近年来，农业科学家发现，用红光照射农作物，可以增加糖的含量；用蓝光照射植物，则蛋白质的含量增加；紫色光可以促进茄子的生长。所以，根据植物对颜色的喜好和具体的生产需要，农作物种植者可以给植物加盖不同颜色的塑料薄膜。同样，在培育观赏植物的过程中，也可以利用植物的"好色"性。一些生物科学家开始研究植物的"好色"性，并由此形成了一门叫"光生物学"的科学。

　　植物不但"好色"，而且"好声"。科学家研究发现，植物可以对

①选自《中学生阅读·初中版》，河南教育报刊社，2002年第3期。

各种各样的音乐做出不同的反应。如果植物伴随着音乐成长，根系和叶绿素都会增多。玉米和大豆"听"了《蓝色狂想曲》，心情舒畅，发芽特别快。不同的植物对音乐的欣赏也是很挑剔的，胡萝卜、甘蓝和马铃薯偏爱音乐家威尔第、瓦格纳的音乐，而白菜、豌豆和生菜则喜欢莫扎特的音乐。有些植物宁愿不听音乐，也不愿意听不喜欢的音乐，为了表示厌恶，它们会付出死亡的代价。比如玫瑰这种高雅的植物，在听到摇滚乐后就会加速花朵的凋谢，而牵牛花更为"刚烈"，听到摇滚乐后过四个星期就会完全死亡。

植物还有强烈的同情心。美国国家犯罪信息中心曾经用植物做了一些有名的情感实验。实验之一，科学家把活的小虾从一个容器中缓缓倒入滚烫的开水锅中，再把在一旁"目睹"这一悲剧的植物的叶片和测试仪连接起来。当小虾快掉入开水锅时，植物的"情感曲线"开始波动，好像人类焦急时的表现。当小虾掉入开水锅的时候，植物的"情感曲线"突然上升，好像被吓了一跳似的，也好像人类悲痛时的表现。实验之二，一个有两株植物的房间进入了六个人，其中一个人掐断了一株植物，然后六个人离开，研究者把测试仪和没有"被害"的植物叶片连接起来。过了一会儿，六个人分别在不同时间进入房间，其他五个没有掐断植物的人进入房间的时候，没有"被害"的植物表现平静。当掐断植物的"罪犯"进入房间的时候，没有"被害"的植物的"情感曲线"出现大的波动，就像人们发怒一样。

关于植物情感的研究有着极其重要的科学意义。首先，这些发现揭示了所有生物之间的亲缘关系。另外，这些发现还告诫人类要尊重所有生命，因为任何生命都有自己的生存权利和情感。如果过分掠夺植物资源，植物可能最终会以自己独特的方式来报复人类，所以人类应尽力保护好现有生态环境。

导读

这是一篇关于植物的科普文章。文章逻辑清楚，结构合理，层次分明。文章先是概括性地介绍植物也拥有情感感知能力。接下来，介绍了植物可以识别不同波段的可见光，并选择性吸收对自己有利的光线。作者举了红光、蓝光、紫色光等例子进行说明。不同的植物还"好声"，即能够对不同音乐做出不同的反应。此外，植物还具有强烈的同情心，会根据外界的刺激做出反应，作者举了两个情感实验作为例子。最后，文章阐明植物情感研究的科学意义。全文为总分总结构。

作为一篇科普文章，《植物也有"喜怒哀乐"》语言明白晓畅，作者运用比喻、举例等多种技巧，将植物的多种情感介绍给读者。现在，我们知道了植物也有情感，所以我们要学会尊重植物的生命，保护植物，因为保护植物也是保护人类自己。

从碗碟间走出的物理学家①

吴友智　著

这天，瑞利的家里来了几位客人。

瑞利的母亲文雅好客而且要强。每次来了客人，她都要亲自动手沏茶，并很讲究地把小茶碗放在精致的小碟子上，端到客人面前。

但她毕竟年纪大了，端碟子的手常因激动而颤抖，光滑的茶碗在碟子上轻轻移动，难免要洒出一点茶水来。她常难为情地对客人说："人老了，手脚不灵活了。"

为了避免把茶水弄洒，她就格外小心地用双手捧着。可碟子像有意找别扭似的，反而倾斜了，茶碗洒出的热茶差点儿烫着手，她就更难为情了："人老了，手脚不灵活了。"

年轻的瑞利始终坐在一边，似乎从未想过要帮母亲端茶招待客人。是他不懂礼貌吗？不是，他的注意力全被母亲手中的茶碗和碟子吸引住了。

---

①选自《学习之友》，汕头市新闻工作者协会，2009年第1期。

　　他看到，母亲每次端茶时，一开始，茶碗在碟子里很容易滑动。可是他发现，当洒一点热茶在碟子里后，尽管母亲的手摇晃得更厉害，碟子倾斜得更明显，茶碗却像粘在碟子上一样，一动不动了。

　　"这是怎么回事呢？"瑞利边看边想，甚至忘了身边的客人。

　　就这样，在请客喝茶的时候，在母亲手中的碗碟之间，聪敏的瑞利开始了他对物理学中摩擦力的研究。

　　他把玻璃瓶放在玻璃板上，然后将玻璃板逐渐倾斜，看瓶子的滑动情况，并将在玻璃板上洒水和不洒水进行对比实验。

　　经过不断地实验、记录、分析，他对茶碗和碟子之间的滑动得出了这样的结论：茶碗和碟子看上去光洁、干净，实际上表面总留有指头和抹布上的油腻物质，使茶碗和碟子之间摩擦变小，容易滑动。洒了热茶后，油腻物质溶解消失了，碗碟之间也就变得不容易滑动了。

　　在这个基础上，他又研究了油和固体之间的摩擦。他指出，油对固体之间摩擦的大小有很大影响，利用油的润滑作用，可以减少摩擦。

　　后来，人们就根据瑞利的发现，把润滑油应用到生产和生活中去了。现在，从尖端科学实验到大型机器设备，从现代化生产到日常生活，几乎都要用到润滑油，甚至连小孩也知道润滑油的作用。这不能不感谢瑞利所做出的贡献。

　　瑞利从母亲手中的碗碟之间开始了对物理学的研究，后来成为著名的物理学家，并于1904年获得了诺贝尔物理学奖。

导读

　　这是一篇关于物理学家瑞利的故事。瑞利（1842—1919），英国科学家，因发现了惰性气体"氩"以及在气体密度精确测量方面所做出的贡献，于1904年获得诺贝尔物理学奖。

　　《从碗碟间走出的物理学家》讲述的是瑞利怎样细致观察母亲手中的茶碗、碟子，从中发现问题，并寻找答案的故事。瑞利有着敏锐的观察力，看到碟子上洒了热茶，茶碗反而不易滑动，就察觉到了问题。瑞利勤于思考，尝试着去寻找问题的答案。他采取了对比实验、记录、分析的方式，最后得出结论：是热茶溶解了碟子上的油腻物质，增加了摩擦力。瑞利的故事提醒我们，在日常生活和学习中，要善于观察、勇于提出问题、大胆实验、勤于思考。

海洋里的"超级黏合剂"

王小波　著

　　1905年，日本海军在对马海战中击败了号称世界王牌的俄军波罗的海舰队，使其全军覆没。许多军事家认为，俄军战败的一个重要原因，是军舰的速度比日舰要慢。而造成俄军战舰航速降低的原因，是舰艇的底部长满了一种善于附着的海洋生物——藤壶。

　　藤壶和螃蟹一样同属甲壳类动物，但它既不游泳，也不爬行，而是固定在岩石上生活。它的身体被包在钙质壳里，壳的形状就像一座小火山，直径约为0.5～5厘米，壳体由6片不活动的大壳板围成，壳口处是由4片小壳板组成的盖，盖张开时，它的胸肢就可以从壳里伸出来捕捉食物。藤壶的种类很多，在分类学上属于蔓足类，世界各大洋共有1040多种，它们密密麻麻地附着在海岸边的潮间带及礁石上，往往使那里成为白花花的一片。

　　令人讨厌的是，藤壶爱以船壳为家。它固定在船壁上或船的底部，使船前进的阻力增加，航速大大降低。在温带和热带海区，每天都有大量藤壶附着在船体上，平均每天可使船只前进的阻力增加

0.25%～0.5%。一艘1800吨的军舰在海水中待上6个月，时速就会明显降低。而要补偿这个损失，就必须再增加40%的燃料消耗。

藤壶不仅影响舰船的航速，还会造成船底污损。所以，过去人们一直把它视为有害的生物来研究，想尽办法要制服它。据统计，全世界每年用于消除藤壶的花费足有上百亿美元。

然而，科学家在消除船底上的藤壶时发现，藤壶能分泌出一种黏液，俗称"藤壶胶"，它的黏结本领高得惊人，能把藤壶十分牢固地固定在船体上，以至于人们要想除掉它，不得不把船体上的一层钢屑也带下来。人们通过研究藤壶化石发现，历经几千年的藤壶化石仍牢固地附着在其他生物的壳体上，毫无分离的迹象。

最近，科学家模仿这种黏液，人工合成了一种特种黏合剂。这种黏合剂具有很高的抗张强度，耐温性能也很好，可以在0℃～250℃的范围内使用。它可以用来黏结建筑材料，既方便又耐用，堪称"超级水泥"。科学家预计，有朝一日，人们能普遍使用这种黏合剂时，盖房子可能就比现在容易多了。

当然，"超级黏合剂"的用途远不止这些。比如进行电器组装时，有些电子元件不耐热，无法用电烙铁来焊接，就可以用"超级黏合剂"进行黏结；舰船在茫茫大海中航行，若遇上风浪，船体漏水，使用这种黏合剂，只要不到10分钟便可在水下把钢板的漏洞或裂缝补得很牢固，使舰船化险为夷；如果你的手不小心划破了，还可以用它来处理伤口。

导读

这是一篇介绍海洋生物藤壶的文章。

为了吸引读者的阅读兴趣，文章开头先用故事引入，俄国舰队被击败的原因之一是军舰速度慢，是舰艇底部的藤壶降低了军舰的速度。接着，文章从藤壶的特征、种类、分布范围、生活方式等方面来介绍藤壶。藤壶的特殊属性会给人类造成损失，当大量的藤壶吸附到船体上，就会增加船只前进的阻力，降低船只的航速。除此之外，藤壶还会造成船底污损。

那么，藤壶对于人类而言，是否没有任何益处？并非如此。科学家仿照藤壶黏液人工合成了一种特殊黏合剂，它的用途特别广泛，可以黏结电子元件、粘补船体漏洞，甚至还可以用来处理伤口。

与藤壶一样，我们身边的事物都有多重特性，只有充分认识它们，才能充分利用它们造福于生活、造福于人类。

自然

　　自然，大至宇宙，小至粒子，囊括世间的所有，包括普遍意义上的生命。植物、动物、人类都是自然的组成部分。那么，问题来了，人类应该如何对待自然界中的动物和植物呢？动物、植物与人类有着怎样的关系呢？

　　人类会将自己的情感寄托于自然，于是动物和植物也有了喜怒哀乐。但是人类对自然的爱又是需要节制的，人类不能随意破坏自然规则。何其芳观察下雨前的动物们，将自己的情感寄托到鸭、鹰等身上。天鹅在布封的笔下具有人一般的品格，令人敬爱。郭枫将自己化身为动物，进行草木村庄之游，发现小甲虫们对生活的热爱。卢卫平则提醒人类要学习树的智慧，思考现实人生。

雨　前①

何其芳　著

　　最后的鸽群带着低弱的笛声在微风里划一个圈子后，也消失了。也许是误认这灰暗的凄冷的天空为夜色来袭，或是也预感到风雨将至，遂过早地飞回它们温暖的木舍。

　　几天的阳光在柳条上洒下的一抹嫩绿，被尘土埋掩得有憔悴色了，是需要一次洗涤。还有干裂的大地和树根也早已期待着雨。雨却迟疑着。

　　我回想着故乡的雷声和雨声。那隆隆的有力的搏击，从山谷返响到山谷，仿佛春之芽就要从冻土里震动，惊醒，而怒茁出来。细草样柔的雨声又以温存之手抚摩它，使它簇生油绿的枝叶而开出红色的花。这些思绪如乡愁一样萦绕得我忧郁了。我心里的气候也和这北方大陆一样缺少雨量，一滴温柔的泪在我枯涩的眼里，如迟疑在这阴沉的天空里的雨点，久不落下。

---

①选自《画梦录》，人民文学出版社，2000年版。

白色的鸭也似有一点烦躁了，有不洁的颜色的都市的河沟里传出它们焦急的叫声。有的还未厌倦那船一样的徐徐地划行。有的却倒插它们的长颈在水里，红色的蹼趾伸在尾后，不停地扑击着水以保持身体的平衡，不知是在寻找沟底的细微的食物，还是贪那深深的水里的寒冷。

有几个已上岸了。在柳树下来回地作绅士的散步，舒息划行的疲劳，然后参差地站着，用嘴细细地抚理它们遍体白色的羽毛，间或又摇动身子或扑展着阔翅，使那缀在羽毛间的水珠坠落。一个已修饰完毕的，弯曲它的颈到背上，长长的红嘴藏没在翅膀里，静静合上它白色的茸毛间的小黑睛，仿佛准备睡眠。可怜的小动物，你就是这样做你的梦的吗？

我想起故乡放雏鸭的人了。一大群鹅黄色的雏鸭游在溪流间。清浅的水，两岸青青的草，一根长长的竹竿在牧人的手里。他的小队伍是多么欢欣地发出啁啾声，又多么驯服地随着他的竿头越过一个田野又一个山坡！夜来了，帐幕似的竹篷撑在地上，就是他的家。但这是怎样辽远的想象啊！在这多尘土的国土上，我只希望听见一点树叶上的雨声。一点雨声的幽凉滴到我憔悴的梦里，也许会长成一树圆圆的绿荫来覆荫我自己。

我仰起头，天空低垂如灰色的雾幕，落下一些寒冷的碎屑到我脸上。一只远来的鹰隼仿佛带着愤怒，对这沉重的天色的愤怒，平张着双翅从天空斜插而下，几乎触到河沟对岸的土阜，而又鼓扑着双翅，作出猛烈的声响腾上天空。那样巨大的翅使我惊异。我看见了它两肋间斑白的羽毛。

接着听见了它有力的鸣声，如同一个巨大的心的呼号，或是在黑暗里寻找伴侣的叫唤。

然而雨还是没有来。

（1933年春，北京）

导读

　　何其芳（1912—1977），诗人、散文家、文学评论家。代表作品有诗歌《生活是多么广阔》《我为少男少女们歌唱》，散文集《画梦录》等。与卞之琳、李广田并称"汉园三诗人"，有《汉园集》问世。

　　何其芳在散文创作上有着独特的造诣，其作品颇具抒情美和形式美。《雨前》是何其芳在1933年春创作的一篇散文。作者在文中选择了最后的鸽群、烦躁的鸭群、愤怒的鹰隼等事物来书写北方雨前的景象。同时，文中还穿插了两组故乡风情画：草木迎春、雏鸭戏水。实际上，作者是将现实的北方与回忆中的南方进行对比，也是将憔悴的现实与热切的企盼进行对比。通过这种对比，我们读出了何其芳内心的复杂情绪：对故土的思念、对现实的不满、对未来的思考。

动物素描一则[①]

[法]布封 著　范希衡 译

天 鹅

在任何社会里，不管是禽兽的或人类的社会，从前都是暴力造就霸主，现在却是仁德造就贤君。地上的狮、虎，空中的鹰、鹫，都只以善战称雄，以逞强行凶统治群众；而天鹅就不是这样，它在水上为王是凭着一切足以缔造太平世界的美德，如高尚、仁厚等。它有威势，有力量，有勇气，但又有不滥用权威的意志、非自卫不用武力的决心。它能战斗，能取胜，却从不攻击别人。它是水禽界里爱好和平的君主，它敢于与空中的霸主对抗；它等待着鹰来袭击，不招惹它，却也不惧怕它。它的强劲的翅膀就是它的盾牌，它以羽毛的坚韧、翅膀的频繁扑击对付鹰的嘴爪，打退鹰的进攻。它奋力的结果常常是获得胜利。而且，它也只有这一个骄傲的敌人，其他善战的禽类没一个

---

①选自《动物素描》，百花文艺出版社，2002年版。

不尊敬它。它与整个自然界都是和平共处的：在那些种类繁多的水禽中，它与其说是以君主的身份监临着，毋宁说是以朋友的身份照看着，而那些水禽仿佛个个都俯首帖耳地归顺它。它只是一个太平共和国的领袖，是一个太平共和国的首席居民，它赋予别人多少，也就只向别人要求多少，它所希冀的只是宁静与自由。对这样的一个元首，全国公民自然是无可畏惧的了。

天鹅面目优雅，形状妍美，与它那种温和的天性正好相称。它叫谁看了都顺眼。凡是它所到之处，它都成了这地方的点缀品，使这地方美化。人人喜爱它，人人欢迎它，人人欣赏它。任何禽类都不配这样地受人钟爱：原来大自然对于任何禽类都没有赋予这样多的高贵而柔和的优美，使我们意识到它创造生命竟能达到这样妍丽的程度。俊秀的身段，圆润的形貌，优美的线条，皎洁的白色，婉转的、传神的动作，忽而兴致勃发、忽而悠然忘形的姿态。总之，天鹅身上的一切都散布着我们欣赏优雅与妍美时所感到的那种舒畅、那种陶醉，一切都使人觉得它不同凡俗，一切都描绘出它是爱情之鸟；古代神话把这个媚人的鸟说成是天下第一美女的父亲，一切都证明这个富有才情与风趣的神话是很有根据的。

我们看见它那种雍容自在的样子，看见它在水上活动得那么轻便、那么自由，就不能不承认它不但是羽族里排行第一的善航者，而且是大自然提供给我们的航行术的最美模型。可不是吗，它的颈子高高的，胸脯挺挺的、圆圆的，仿佛是破浪前进的船头；它的宽广的腹部就像船底；它的身子为了便于疾驶，向前倾着，愈向后就愈挺起，最后翘得高高的，就像船舯；尾巴是地道的舵；脚就是宽阔的桨；它的一对大翅膀在风前半张着，微微地鼓起来，就是帆，它们推着这艘活的船舶，连船带驾驶者一起推着跑。

天鹅知道自己高贵，所以很自豪，知道自己很美丽，所以很自好。

它仿佛故意摆出它的全部优点；它那样儿就像是要博得人家的赞美，引起人注目。而事实上它也真是令人百看不厌的，不管是我们从远处看它成群地在浩瀚的烟波中，和有翅的船队一般，自由自在地游着，或者是它应着召唤的信号，独自离开船队，游近岸旁，以种种柔和、婉转、妍媚的动作，显出它的美色，施出它的娇态，供人们仔细欣赏。

天鹅既有天生的美质，又有自由的美德，它不在我们所强制或幽禁的那些奴隶之列。它无拘无束地生活在我们的池沼里，如果它不能享受到足够的独立，使它毫无奴役俘囚之感，它就不会逗留在那里，不会在那里安顿下去。它要任意地在水上遍处遨游，或到岸旁着陆，或离岸游到水中央，或者沿着水边，来到岸脚下栖息，藏到灯芯草丛中，钻到最偏僻的湾汊里，然后又离开它的幽居，回到有人的地方，享受着与人相处的乐趣——它似乎是很喜欢接近人的，只要它在我们这方面发现的是它的居停（寄居之处的主人）和朋友，而不是它的主子和暴君。

天鹅在一切方面都高于家鹅，家鹅只以野草和籽料为生，天鹅却会找到一种比较精美的、不平凡的食料；它不断地用妙计捕捉鱼类；它做出无数的不同姿态以求捕捉的成功，并尽量利用它的灵巧与气力。它会避开或抵抗它的敌人。一只老天鹅在水里，连一只最强大的狗也不怕；它用翅膀一击，连人腿都能打断，其迅疾、猛烈可想而知。总之，天鹅似乎是不怕任何暗算、任何攻击的，因为它的勇敢程度不亚于它的灵巧与气力。

此外，古人不仅把天鹅说成是一个神奇的歌手，他们还认为，在一切临终时有所感触的生物中，只有天鹅会在弥留时歌唱，用和谐的声音作为它最后叹息的前奏。据他们说，天鹅发出这样柔和、这样动人的声调，是在它将要断气的时候，它是要对生命进行哀痛而深情的告别的。这种声调，如怨如诉，低沉地、悲伤地、凄黯地构成它自己的丧歌。他们又说，人们可以听到这种歌声，是在朝暾初上、风浪既平的时候。无疑地，天鹅并不歌唱自己的死亡，但每逢谈到一个大天才临终前所作的最后一次飞扬、最后一次辉煌表现的时候，人们总是无限感慨地想到这样一句动人的话："这是天鹅之歌！"

导读

　　布丰（1707—1788），法国博物学家、作家。用40年时间写成36卷的《自然史》，对后世影响深远。

　　布封受人文主义思想的影响，常常用拟人的手法来描摹动物。他带着亲切的感情，对动物的描写生动具体、饶有兴味。《天鹅》便是如此。

　　《天鹅》是要讴歌天鹅，开头却先写狮、虎、鹰、鹫，与天鹅形成对比。作者用这种方式来突出天鹅所具备的美德，即"高尚、尊严、仁厚"；有威势与力量，但不滥用权威与武力；能战斗取胜却又不主动攻击别人。天鹅爱好和平，还象征着宁静与自由。因为天鹅的优雅与妍美，它被视为高贵、自由的象征。天鹅还给予人类启示：与自由交朋友，不要进入奴隶的行列中。关于天鹅，有许多动人的传说，古人将天鹅说成是神奇的歌手，并用"天鹅之歌"来比喻最后的绝唱。

草虫的村落[1]

郭枫 著

　　你，生长在城市里的人们，忘却了田野的妩媚了吗？当你还是孩子的时候，当春秋佳日大自然把乡村盛装起来的时候，你也曾有过愉快的郊游吧？请闭一下眼睛，记不记得那时你是如何伸开手臂，用喜悦的姿态，奔向田野的？

　　我总爱怀着一份稚气，把城市遗在身后，跑到田野里，呼吸一下弥漫着草香和泥土香的空气，听一听森林和小草的密语，甚至有时候，放纵得像孩子一样，在旷野脱了衣服躺下来，躺在阳光里，躺在上帝制作的绿茵上……

　　今天，我又躺在田野里，在无限的静谧中，恬然的幸福之感渗透在我灵魂深处，我变成一只空灵的贝壳，再也不去想忙碌的众生在做些什么。我忘了世界也忘了自己，我的目光跟踪着爬行的小虫，进行一次奇异的游历。

---

[1] 选自《郭枫散文选》，百花文艺出版社，1994年版。

　　我看到的空间扩大了，细小的草茎变为粗大的森林。一只小虫，生着一副坚硬黑甲的小虫，迷失在这座森林里。我想它一定是游侠吧！虽然，它迷失了路，但仍有着傲然的气势。它不断地左冲右撞，终于走出一条路。我跟着它的脚步，走着，走着，一路上，遇到不少的虫子，它们都互相地打着招呼。我真想也寒暄一两声，如果我能懂得它们的语言。

　　它们的村子散布在森林边缘的小丘。我知道这是虫子们艰巨的工程。英勇的黑甲虫，走进村子，这里有很多的黑甲虫，它们熙熙攘攘地往来。我敢夸口，要不是凭着我心灵的眼睛察看，绝不会认出这只黑甲虫的爱人。在许多同类虫子之间，我看见一只娇小的虫子从小洞里跑出来，迎接远归者，意味深长地看着。两只虫子对看了良久，一齐欢跃地走回洞穴里去。

　　这是街道，这是小巷。街道和小巷上大部分的行客都是黑甲虫，但也有不少别的虫子。有花色斑斓的小圆虫，在这些粗壮的黑甲虫之间，好像是南国的少女，轻俏地披着彩衣，逗得多少虫子驻足痴望！有庞然大物的蜥蜴，在它面前，围拢了一群黑甲虫，纷纷投以好奇的眼光，攀谈得好像很投机似的，交流着和善的友谊。看啊！蜥蜴好像忘记了旅途的劳倦了，它背着几只小黑甲虫，到处参观这房远亲的住宅。

　　耸立在两条大道路口的，是不是教堂呢？一大队黑甲虫从里面出来，每一个脸上都带着虔诚的光辉。我想，它们是做了感谢的晚祷吧？在这些善男信女的脸上，我找到了对上帝的感激和生活着的喜悦。

　　我的目光被一群音乐演奏者所吸引了，它们差不多有十几个吧，散聚在两棵大树下面，这是两簇野灌丛，紫红的小果实已经让阳光烘灼得熟透了。可是，甲虫音乐家们，全不注意这些，它们全神贯注地振着翅子。于是，优美的音韵，便像灵泉一般流了出来。我敢说它们的音乐优于人间一切的音乐，这是只有虫子们的智慧才能演奏出来的！

　　我的目光离开这些欢乐的地方，顺着僻静的小路探索，我看到虫子劳动生活的形态。一队队虫子，不知道从什么地方来的，一定是很远很远的地方，以致我不能发现它们工作的区域。现在它们归来了，每一个都用前肢推着大过自己身体两三倍的食物，行色匆匆地赶着路。它们的担子是沉重的，更重的是它们对于家庭的责任吧。要不，是什么力量使它们如此勤勉地奔忙呢？

　　我完全迷惑了，我不知道在小虫子的脑海中，究竟蕴藏着多少智慧。我看见测候者在忙于预察气象；工程师在忙于建筑设计；各种不同的工作，由各种专门的虫子担任。我还看见了许多许多……

　　我悠悠忽忽地漫游了整个下午，直至夕阳亲吻着西山的时候，红鸠鸟才把我的心灵唤回来。我多么得意啊！得意我竟然发现了草丛中小虫子的快乐天地。也许，还有人会笑我仍然像孩子一样幼稚。我不愿加以辩白，我愿意牵着你的手，一起到草虫的村落里去散散步。别说这是渺不足道的事情吧！你懂不懂得？一只小黑甲虫的翅膀上，也闪耀着生命的光彩。别笑我傻，我爱在草虫的村落里散步。

导读

　　郭枫，生于1933年，诗人、作家、文学评论家。代表作品有《蝉声》《寻求一灯火》《异乡人》《我走过长夜》《老家的树》《一缕丝》等。

　　《草虫的村落》是一篇散文，作者在静谧的田野中，发挥神奇的想象：追随爬行的小虫，对草虫的村落展开了奇异的游历。作者观察细腻，描写生动。他看到了孤独的"游侠"、美丽的"南国的少女"，还有正在演奏音乐的"音乐家"、从远方归来的"劳动者"。作者凭借着丰富的想象，给予小甲虫勇敢、优美、智慧、勤劳等品质。作者善于运用比喻与拟人的修辞手法，赋予草虫以人的生活形态、街道、小巷、丰富的情感世界、复杂的日常活动，这与人类的生活天地有什么区别吗？作者将自己对大自然、小生灵的爱恋之情淋漓尽致地展现出来，令人赞叹。

树是我们生命的阶梯[①]

卢卫平　著

　　每一棵树都在奔跑。树叶在风雨里奔跑，枝丫在天空中奔跑，树根在大地深处奔跑。一个诗人能听见树奔跑的声音，在这声音里，有季节的更替和时间的流动。

　　一只老花猫在追一只小老鼠，追到树下，突然不追了。猫一看见树，就洋洋得意，手舞足蹈。我一生最伟大的，就是教出了老虎这样的徒弟。魔高一尺，道高一丈，我留了一手，没教它上树。否则，猫氏家族很可能灭门。老虎是山林之王，但从古到今，都属于猫科，在我门下。树是我们生命的阶梯。

　　要下雨了，一群蚂蚁排着队上树。它们要赶在洪水滔滔前，把自己的家安在高处。蚂蚁上树，也是在逃难。人类应该为蚂蚁悲悯。在一家四川餐馆，我看到菜谱上写着"蚂蚁上树"，问服务员，得知这道菜就是肉末粉丝，心想，好吃，人类把想象力发挥到了极致，连一只蚂蚁也

---

①选自《作文与考试·初中版》，吉林省青少年报刊总社，2009年第2期。

不放过。

一个饕餮之徒，看着一棵临风的玉树，心里想的是：这棵树能做多少根牙签？

在木匠眼里，没有树，只有一根根木条、一块块木板、一张张桌子椅子和凳子。木匠之于树，就像庖丁之于牛、屠夫之于猪。木匠开动锯子的时候，我听到的是树在哭泣。那纷纷扬扬的木屑，是树的眼泪在飞。

赌徒只剩一条裤衩，看到树叶在风中翻动，眼冒绿光。这多像自己曾经赢钱时数钞票，哗哗响。赢了，钱像树叶；输了，再好看的树叶，也变不成钱。不赌为赢，赌徒似乎懂了一代赌王在临终前为何只说了这一句话。但愿树能拯救赌徒。

乞丐躺在树下，树就是他梦中的屋檐；树叶盖在身上，像一床异乡的被子。树是乞丐在城市里唯一的亲戚。谁也不施舍时，树会施舍。

一个老人，看见一大群在树下跳房子的孩子中有自己的孙子，脸上露出幸福吉祥的笑容。老人自言自语："前人栽树，后人乘凉。我这棵树栽对了，一辈子也算没白活。落叶归根，我要回到五十年前的故乡，看看村头那棵苦楝树，是否还在春天开着忧伤的紫花。"

秋风是树的剃刀。一夜风过，树成了光头，站在街头，像个行为艺术家。环卫工人及时赶到，将树叶打扫。铺满落叶的大街，是多么有诗意。秋风秋雨中的秋叶，这颓废之美，让人生的色彩丰富而凝重。是谁以所谓干净的名义，焚烧了这些树叶？树叶是树在春天向大地借来的，树承诺在秋天将树叶还给大地。大地的冬天因树叶而温暖。我从来也不会把树叶当作垃圾。这是我对环卫工人唯一有微词的地方。

一对恋人在树的簇拥下絮语。树上的鸟叫让他们心跳加快。多少年过去了，岁月的风雨刻在脸上，他们在彼此的皱纹里数着树的年轮。树记住了他们的誓言：在天愿做比翼鸟，在地愿做连理枝。

　　圣诞节到了，商场、酒店的门口，都"长"着一棵圣诞树。这是近年来发生在中国很多城市的事。但我没看到有一棵圣诞树是有根的。没有根，也能"疯长"，这是全球化时代的奇观。

　　在沙漠里见到一棵树，比见到一个人，更让我惊喜。我在陌生的人群中和一棵树在浩渺的沙漠里，心境常常是相通的。我在人群中，一不留神就成了一个傻瓜。而面对一棵树时，我会发现我是机智的。

　　树活着，我活着。我就思考这个问题。上帝和知识分子是否活着，这个问题还是留给尼采和福柯去思考吧。

导读

　　这是一篇散文，作者表达了树带给他的有关生命的感悟。散文"形散神聚"的特点在这篇文章中得到生动的体现。

　　作者取材广泛，不受时间和空间的限制，围绕着树，谈论了猫不教老虎上树、蚂蚁上树、木匠眼中的树、赌徒眼中的树叶、躺在树下的乞丐、老人栽树、环卫工人扫落叶、树下的恋人、圣诞树，等等。初读，觉得有些乱，但是这正是所谓的"形散"，即内容自由调整、随意变化，皆是服务于作者的。在表现手法上，作者灵活运用了比喻、拟人等多种手法。

　　再看"神聚"，从立意方面来说，散文所要表达的主题必须明确而集中。这篇文章是要借树来表达对人生的思考。不论散文涉及的内容多么广泛，运用了多么灵活的表现手法，都是为了更好地表达这个主题。

人生

　　人生是人类从出生到死亡所经历的过程，有时候很长，有时候很短；有时候会经历波折，有时候会遇见惊喜；悲欢离合与喜怒哀乐尽在其中。关于人生哲理，古人留下了许多，有《左传》中孟孝伯所言"人生几何，谁能无偷？朝不及夕，将安用树"；有杜甫的"人生在世间，聚散亦暂时"；也有文天祥的"人生自古谁无死，留取丹心照汗青"。在面对生活时候，你可以悲观，也可以乐观。在知道生活真相之后，你要依然对生活持有信心。

　　王蒙以长者的智慧为青年人指路，希望他们拥有明朗的心态；秦文君告诉我们独立成长的重要性，要有勇气迈出第一步；梁实秋认为理发这样的小事也可以让生活充满乐趣，体验多姿多彩的人生；冯骥才的故事教给我们一个道理，人应该与一切有生命的事物和谐相处；车培晶借助狗房子里发生的故事，展现了抗日战争时期三个人的人生遭遇，给人以心灵震撼。

明朗的航行①

王蒙 著

　　人生好像一只船，世界好像大海。人自身好像是开船的舵手，历史的倾斜与时代的选择好像时而变化着走向的水流与或大或小的风。

　　人生又像是一条水流，历史就像是融合了许多许多水流的大河。你无法离开大江，但你又发现大江里布下了一些礁石，大江上或有着狂风，江水流着流着会出现急剧的转弯，急剧的下降和攀升，以及歧路和迷宫。

　　人生又像是一条长路，也许在它快要结束的时候你又发现它其实是那么短。你莫知就里地被抛在了路上。你不可能停下来，于是你蹒跚地走着，你渴望走上坦途，走上峰巅，走进乐园，走进快乐、成功、幸福或者至少是平安的驿站，直到理想的家园。然而，你也许终其一生也没有得到一天心安。

　　人与人的命运是怎样地不同啊。这里所说的命运，既包括主观条

---

①选自《文苑》，内蒙古出版集团，2006年第09A期。

件，即你作为一个单独的个体的一切特点，一切认识和态度；也包含生存环境，即包括你所处的时间与空间的坐标，你的有时是无可避免的，有时则是十分偶然的际遇。正像俗话所说的那样，人的能力有大小，人的遭际有偶然，即凭运气的可能，人的地位有高低，人的财富有多寡，人的寿命有长短，人的体格有强弱，人所处的社会环境与自然环境有优劣、美丑、公正与极不公正之分。人比人气死人，人比人该有多少不平，多少愤懑，多少怨毒和痛苦！

痛苦也罢，怨毒也罢，只要还活着，谁不希望自己的命运能更好些，更更好些呢？谁不愿意知道并且实行自己对于自己的命运的积极影响，乃至把命运之舵掌握在自己的手里呢？

有时你又觉得人生像是一个摸彩的游戏，别人常常是幸运者，他们摸到了天生超常的禀赋与资质、优越的家庭背景、天上掉下来的机会以及来自四面八方的援助之手。而你摸到的可能只是才质平庸或怀才不遇、零起点、误解、冤屈和来自四面八方的嫉妒、打击乃至阴谋和陷害。

作为一个年近七旬的写过点儿文字也见过点儿世面的正在老去的人，我能给你们一点儿忠告，一点儿经验，一点儿建议吗？

也许谈不到什么经验和忠告，但我至少可以抱一点儿希望，一点儿意愿，我希望有更多的人能生活得更明朗一些。明朗，这是什么意思呢？就是说成就有大小，际遇有顺逆，但能不能生活得更坦然、更清爽、更光明、更健康也更快乐一点儿？只要一点儿。

作为写过小说也写过诗的人，我知道各种对于愤怒、忧愁、痛苦、矛盾、疯狂乃至自毁自弃、自戕自尽的宣扬与赞美。我熟知"先天下之忧而忧，后天下之乐而乐""愤怒出诗人""知识分子的使命是批判""智慧的痛苦""痛苦使人升华""我以我血荐轩辕""生老病死""我不入地狱，谁入地狱""地狱未空，誓不成佛"以及"从来文章憎命达""自古才命两相妨"之类的名言。我无意提倡乃至教授廉价的近于白痴式的奉命快乐。我所说的快乐、健康、坦然、清爽与光明，不是简单地做到如老子所说的"复归于婴儿"，而是另一种超越，另一种飞跃，另一种人生境界：是承担一切忧患与痛苦之后的清明；是历尽或是遭遇一切坎坷和艰险的踏实；是不仅仅能够咀嚼而且能够消化的，对于一切人生苦难的承受与面对一切人生困厄的自信；是把一切责任、一切使命、一切批判和奋斗视为日常生活的平常、平淡、平凡；是九死而未悔、百折而不挠的视险如归，赴难如归，水里火里如履平地；是背得起十字架，也放得下自怨自艾、自恋自怜的怪圈的大气；是不单单拥有智慧的煎熬和困惑的痛苦，而且拥有智慧的澄澈与分明的欢喜，从而更包容、更深了一层的智慧；是大雅若俗、大洋若土、大不凡如常人，从而与一切浮躁，与一切大言轰轰乃至欺世盗名，与一切神经兮兮的自私、小气的装腔作势远离开来。

驾驶着你的人生之船，做一次明朗的航行吧。

驾驶着你的人生之船，使你的航行更加明朗一些吧。

让智慧和光明，让光明的智慧与智慧的光明永远陪伴着人的生活吧。

导读

　　王蒙，生于1934年，作家、学者。代表作有短篇小说《组织部新来的青年人》，长篇小说《青春万岁》《活动变人形》等。

　　王蒙的作品中一直闪烁着理想主义的光芒。他的理想主义是建立在对现实的思考基础上的。他把个体的生命融入历史整体中进行思考，然后在理想主义那里找到人生答案和精神归宿。

　　《明朗的航行》将人生比喻为船、水流、长路，展示出作者对生活、历史、理想的思考。每一个人的命运都会受到主观条件和客观条件的影响，但大家都会努力将命运掌握在自己手上。作为一位有人生阅历的老者，作者给读者们提了一个建议，让生活更坦然、更清爽、更光明。人在一生当中总是会遇到挫折，作者希望我们在了解生活苦难的真相之后，依然能够有一种乐观和明朗的心态去面对生活。

至尊的独立[①]

秦文君　著

　　人都是要长大要独立的。记得十四岁那年我初次离家，参加学校组织的为期一个月的学农，也就是住在远郊的农民家里，与他们同吃同住。那时我怯怯的，有点像躲在松林里探头探脑的小松鼠，对未知的世界充满好奇、害怕。然而期满归来时，心里就有了点底气，我还特意去照相馆拍照为证，在照片上，我的神态有点老到，仿佛一个有阅历的人。我将它视为珍宝保存在厚厚的相册里，因为它是一个至尊的见证，记载着一个女孩的初次独立，并且预示着后面尾随着许多充满荣耀的词汇：羽毛渐丰、小荷露尖、青春年华……

　　后来我做了母亲，我很爱我的女儿紫裳，但我明白无论母女之间如何情深意切，我们仍然是两个独立的人。紫裳四岁那年，领导顾及我繁重的写作任务，拨了一个寄宿幼儿园的名额给紫裳。那个幼儿园有草木葱郁的大花园，木梯子上铺着热烈的红地毯，一切都很完美。临行的那

---

①选自《中学生阅读·初中版》，河南教育报刊社，2006年第Z1期。

天夜里，我在灯下给萦裹准备行装，在她的小衣服小被子上绣着名字。忽然，我扔下了针线，泪如泉涌：一个女孩小得连自己的用品都无法辨认、看管，那她如何表达心意，如何维护爱和尊严呢？独立是要有长长的准备的，是一种积淀后的崛起。终于，我们放弃了这个名额。

一晃，萦裹升中学了，被一家寄宿制学校录取，我再次为其准备行装，看着她六神无主，我便把她所爱的物品统统装进行李，我其实是个重视精神生活的人，但我永远认可物质往往会对人产生奇效，对于一个走入陌生环境的女孩，携带的爱物能够慰藉她的心。临行前，萦裹在我的厚相册里翻弄着，说要带一张妈妈的照片，我怂恿她带我学农归来的独立照，可她拒绝了，选了一张我穿便装、笑容安详的照片贴身装着，还说："这张才像我心目中的妈妈！"她不知道我如今的这份安详是如何获取的。

住校的第一个月里，萦裹频频向我诉苦：半夜睡不着，伸手找不到妈妈；女浴室的门坏了，洗澡时门会突然洞开；去学校的小卖店看看，因为她是个理性花钱的孩子，迟疑着比较价格，结果被店员斥责；就连钥匙圈坏了这桩小事，也会成为她独自流泪的借口。她在电话里哭泣，说感觉到离妈妈越来越远，她想放弃独立。

我说萦裹你必须试着解决这些事，至少试一试，万一解决不了，你再打电话给我。挂断电话后，我整天都守着电话机，一旦有朋友的电话进来，我只能三言两语，说我正在等一个最重要的热线电话，稍候再打给他们。确实，眼下我最大的心愿是帮助一个女孩站起来，独自迈出第一步。

萦裹的求助电话迟迟不来，我心里空空的，整理着她的小房间，那里充满着小女孩甜腻的气息，催人心软，而且我还瞥见她留着的一根小竹棍，她曾戏言这根竹棍留着将来打丈夫，她害怕会找个恶丈夫，害怕独自面对这纷繁的世界，害怕迷失童心和爱心……刹那间，我心乱如麻。

就在此时，紫袅打来了电话，说浴室门已经报修了，现在虽还是坏的，但她每次都在上面粘上透明胶，再大的风也吹不开；小卖店的人这两天已知她的秉性了，不再冷言冷语；同桌和她一块修好了老虎钳。另外，她晚上想家伤心，后来累极了，扑通一声倒在床上熟睡了，翌日清晨，看见太阳出来了，忽然感到心情豁然开朗。

如今，紫袅依旧每天打来电话，只是内容变了，她总是兴致勃勃地告诉我她中午去了图书馆，晚饭后跟同学一块散步。她总在电话那端说：我很好，你好吗？我便在电话这端说：我很好，你好吗？那正是我心里呼唤的那种两个心心相印的平等的人在对话。

紫袅没去拍照立志，我送了她一个穿中学校服的珍妮娃娃，悄悄地把它当成紫袅独立的见证，因为一个女孩走向真正的独立，慢慢地拥有了为自己设计未来道路的勇气和能力，这真是令我喜极而泣的事。

导读

　　秦文君，儿童文学作家。代表作品有《男生贾里全传》《女生贾梅全传》《小丫林晓梅》等。

　　《至尊的独立》主要记录了女儿成长的过程。文章第一句话是全文主旨，"人都是要长大要独立的"。开头讲述"我"的成长故事，为后文讲述女儿的成长做铺垫。成长是循序渐进的，要尊重成长的规律，所以"我"放了将四岁的女儿送到寄宿幼儿园的想法。当女儿进入中学后，"我"再一次为她准备行囊。女儿在住校第一个月内遇到了困难，向"我"诉苦，想放弃独立；"我"鼓励女儿尝试去解决遇到的难题，迈出人生独立的第一步。在"我"的鼓励下，女儿顺利地解决了问题，这是"至尊的独立"。成长需要时间的积淀，需要亲人的关爱与鼓励，需要解决问题的勇气。这就是成长的奥秘。

理　发[①]

梁实秋　著

　　理发不是一件愉快事。让牙医拔过牙的人，望见理发的那张椅子就会惴惴不安，两种椅子很有点相像。我们并不希望理发店的椅子都是檀木螺钿，或是路易十四式，但至少不应该那样地丑，方不方圆不圆的，死橛橛硬邦邦的，使你感觉到坐上去就要受人割宰的样子。门口担挑的剃头挑儿，更吓人，竖着的一根小小的旗杆，那原是为挂人头的。

　　但是理发是一种必不可免的麻烦。"君子整其衣冠，尊其瞻视，何必蓬头垢面，然后为贤？"理发亦是观瞻所系。印度锡克族，向来是不剪发不剃须的，那是"受诸父母，不敢毁伤"的意思，所以一个个的都是满头满脸毛氄氄的，滔滔皆是，不以为怪。在我们的社会里就不行了，如果你蓬松着头发，就会有人疑心你是在丁忧，或是才从监狱里出来。髭须是更讨厌的东西，如果蓄留起来，七根朝上八根朝下都没有关系，嘴上有毛受人尊敬，如果刮得光光的露出一块青皮，也行，也受人尊敬，唯独不长

---

①选自《梁实秋精选集》，北京燕山出版社，2010年版。

不短的三两分长的髭须，如鬃鬣，如刺猬，如刈后的稻秆，看起来令人不敢亲近。鲁智深"腮边新剃，暴长短须，馋馋的好惨濑人"，所以人先有五分怕他。钟馗须髯如戟，是一副啖鬼之相。我们既不想吓人，又不欲啖鬼，而且不敢不以君子自勉，如何能不常到理发店去？

　　理发匠并没有令人应该不敬重的地方，和刽子手屠户同样是一种为人群服务的职业，而且理发匠特别显得高尚，那一身西装便可以说是高等华人的标识。如果你交一个刽子手朋友，他一见到你就会相度你的脖颈，何处下刀相宜，这是他的职业使然。理发匠俟你坐定之后，便伸胳臂挽袖，相度你那一脑袋的毛发，对于毛发所依附的人并无兴趣。一块白绸布往你身上一罩，不见得是新洗的，往往是斑斑点点的如虎皮宣纸。随后是一根布条在咽喉处一勒。当然不会致命，不过箍得也是够紧，如果是自己的颈子，大概舍不得用那样大的力。头发是以剪为原则，但是生薅硬拔却不免，最适当的抗议是对着那面镜子狞眉皱眼地做个鬼脸，而且希望他能看见。人的头生在颈上，本来是可以相当的旋转自如的，但是也有几个角度是不大方便的。理发匠似乎不大顾虑到这一点，他总觉得你的脑袋的姿势不对，把你的头扳过来扭过去，以求适合他的刀剪。我疑心理发匠许都是孔武有力的，不然腕臂间怎有那样大的力气？

　　椅子前面竖起一面大镜子是颇有道理的，倒不是为了可以顾影自怜，其妙在可以知道理发匠是在怎样收拾你的脑袋，人对于自己的脑袋没有不关心的。戴眼镜的朋友摘下眼镜，一片模糊，所见亦属有限，尤其是在刀剪晃动之际，呆坐如僵尸，轻易不敢动弹，对于左右坐着的邻客无从瞻仰，是一憾事。左边客人在挺着身子刮脸，声如割草，你以为必是一个大汉，其实未必然，也许是个女客；右边客人在喷香水擦雪花，你以为必是佳丽，其实亦未必然，也许是个男子。所以不看也罢，看了怪不舒服。最好是废然枯坐。

　　其中比较最愉快的一段经历是洗头。浓厚的肥皂汁滴在头上，如醍醐灌顶，用十指在头上搔抓，虽然不是麻姑，却也手似鸟爪。令人着急的是头皮已然搔得清痛，而东南角上一块最痒的地方始终不曾搔到。用水冲洗的时候，难免不泛滥入耳，但念平素盥洗大概是以脸上本部为限，边远陬隅辄弗能届，如今痛加涤荡，亦是难得的盛举。电器吹风，却不好受，时而凉风习习，时而夹上一股热流，热不可当，好像是一种刑罚。

最令人难堪的是刮脸。一把大刀锋利无比，在你的喉头上、眼皮上、耳边上滑来滑去，你只能瞑目屏息，捏一把汗。Robert Lynd写过一篇《关于刮脸》的文章，他说：

当剃刀触到我的脸上，我不免有这样的念头："假使理发匠忽然疯狂了呢？"很幸运的是，理发匠从未发疯，但我遭遇过别种差不多的危险。例如，有一个矮小的法国理发匠在雷雨中给我刮脸，电光一闪，他就跳得老高。还有一个喝醉了的理发匠，举着剃刀找我的脸，像个醉汉的样子伸手去一摸却扑了个空。最后把剃刀落在我的脸上了，他却靠在那里镇定一下，靠得太重了些，居然把我的右下颊刮下了一块胡须，刀还在我的皮上，我连抗议一声都不敢。就是小声说一句，我觉得，都会使他丧胆而失去平衡，我的颈静脉也许要在他不知不觉间被他割断。后来剃刀暂时离开我的脸了，大概就是法国人所谓Reculer pourmieuxsauter（退回去以便再向前扑），我趁势立刻用梦魇的声音叫起来："别刮了，别刮了，够了，谢谢你。"……

这样的怕人的经验并不多有。不过任何人都要心悸，如果在刮脸时想起相声里的那段笑话，据说理发匠学徒的时候是用一个带茸毛的冬瓜来做试验的，有事走开的时候便把刀向瓜上一剁，后来出师服务，常常错认人头仍是那个冬瓜。刮脸的危险还在其次，最可恶的是他在刮后用手毫无忌惮的在你脸上摸，摸完之后你还得给他钱！

导读

梁实秋（1903—1987），散文家、学者、文学批评家、翻译家。代表作有《雅舍小品》《槐园梦忆》等。

梁实秋的散文取材广泛，构思精巧，语言幽默，风格恬淡。读者能从他的文字中感悟他深厚的文化功底和丰富的人生阅历。他秉持"长日无俚，写作自遣，随想随写，不拘篇章"的理念，留下了大量的文学作品。

理发是生活中的一件小事，但是梁实秋却写得妙趣横生，读来有酣畅淋漓之感。文章从理发的椅子谈起，又插入印度锡克族、鲁智深的短须、钟馗的须髯，还将理头匠与刽子手做比较，颇为有趣。不仅是理发，作者还写到了洗头与刮脸，读来让人觉得惊心动魄。为了缓解紧张的气氛，他又在结尾处讲了一个相声中的笑话，诙谐幽默。作者的率性与见识都生动地体现在了文字中，令人读来不禁一乐。

捅马蜂窝[1]

冯骥才 著

爷爷的后院虽小,它除去堆放杂物,很少有人去,里边的花木从不修剪,快长疯了;枝叶纠缠,荫影深浓,却是鸟儿、蝶儿、虫儿们生存和嬉戏的一片乐土,也是我儿时的乐园。我喜欢从那爬满青苔的湿漉漉的大树干上,取下又轻又薄的蝉衣,从土里挖出筷子粗肥大的蚯蚓,把团团飞舞的小蛾虫驱赶到蜘蛛网上去。那沉甸甸压弯枝条的海棠果,个个都比市场买来的大。这里,最壮观的要属爷爷窗檐下的马蜂窝了,好像倒垂的一只大莲蓬,无数金黄色的马蜂爬进爬出,飞来飞去,不知忙些什么,大概总有百十只之多,以致爷爷不敢开窗子,怕它们中间哪个冒失鬼一头闯进屋来。

"真该死,屋子连透透气儿也不能,哪天请人来把这马蜂窝捅下来!"奶奶总为这个马蜂窝生气。

"不行,要蜇死人的!"爷爷说。

---

[1]选自《捅马蜂窝》,上海教育出版社,2018年版。

"怎么不行?头上蒙块布,拿竹竿一捅就下来。"奶奶反驳道。

"捅不得,捅不得。"爷爷连连摇手。

我站在一旁,心里却涌出一种捅马蜂窝的强烈渴望。那多有趣!当我给这个淘气的欲望鼓动得难以抑制时,就找来妹妹,趁着爷爷午睡的当儿,悄悄溜到走廊通往后院的小门口。我脱下褂子蒙住头顶,用扣上衣扣儿的前襟遮盖下半张脸,只露一双眼。又把两根竹竿接起来,作为捣毁马蜂窝的武器。我和妹妹约定好,她躲在门里,把住关口,待我捅下马蜂窝,赶紧开门放我进来,然后把门关住。

妹妹躲在门缝后边,眼瞧我这非凡而冒险的行动。我开始有些迟疑,最后还是好奇战胜了胆怯。当竿头触到蜂窝的一刹那,好像听到爷爷在屋内呼叫,但我已经顾不得别的,一些受惊的马蜂轰地飞起来,我赶紧用竿头顶住蜂窝使劲摇撼两下,只听"嗵",一个沉甸甸的东西掉下来,跟着一团黄色的飞虫腾空而起,我扔掉竿子往小门那边跑,谁料到妹妹害怕,把门在里边插上,她跑了,将我关在门外。我一回头,只见一只马蜂径直而凶猛地朝我扑来,好像一架燃料耗尽、决心相撞的战斗机。这不顾一切而拼死的气势使我惊呆了。我抬手想挡住脸,只觉眉心像被针扎似的剧烈地一疼,挨蜇了!我捂着脸大叫。不知道谁开门把我拖进了屋。

当夜,我发了高烧。眉心处肿起一个枣大的疙瘩,自己都能用眼瞧见。家里人轮番用了醋、酒、黄酱、万金油和凉手巾把儿,也没能使我那肿疱迅速消下去。转天请来医生,打针吃药,七八天后才渐渐复愈。这一下好不轻呢!我生病也没有过这么长时间,以致消肿后的几天里不敢到那通向后院的小走廊上去,生怕那些马蜂还守在小门口等着我。

过了些天,惊恐稍定,我去爷爷的屋子,他不在,隔窗看见他站在后院里,摆手招唤我去,我大着胆子去了,爷爷手指窗根处叫我看,原来是我捅掉的那个蜂窝,却一只马蜂也不见了,好像一只丢弃的干枯的大莲蓬头。爷爷又指了指我的脚下，一只马蜂！我惊吓得差点叫起来，慌忙跳开。

"怕什么，它早死了！"爷爷说。

仔细瞧，噢，原来是死的。它仰面朝天躺在地上，几只黑蚂蚁在它身上爬来爬去。爷爷说："这就是蜇你的那只马蜂。马蜂就是这样，你不惹它，它不蜇你。它要是蜇了你，自己也就死了。"

"那它干吗还要蜇我呢，它不就完了吗？"

"你毁了它的家，它当然不肯饶你。它要拼命的。"爷爷说。

我听了心里暗暗吃惊。一只小虫竟有这样的激情和勇气。低头再瞧瞧这只马蜂，微风吹着它，轻轻颤动，好似活了一般。我不禁想起那天它朝我猛扑过来时那副视死如归的架势，与毁坏它们生活的人拼出一死，真像一个英雄……我面对这壮烈牺牲的小飞虫的尸体，似乎有种罪孽感沉重地压在我心上。

那一窝马蜂呢，无家可归的一群呢，它们还会不会回来重建家园？我甚至想用胶水把这只空空的蜂窝粘上去。

这一年，我经常站在爷爷的后院里，始终没有等来一只马蜂。

转年开春，有两只马蜂飞到爷爷的窗檐下，落到被晒暖了的木窗框上，然后还在去年的旧窝的残迹上爬了一阵子，跟着飞去而不再来。空空又是一年。

第三年，风和日丽之时，爷爷忽叫我抬头看，隔着窗玻璃看见窗檐下几只赤黄色的马蜂忙来忙去。在这中间，我忽然看到，一个小巧的、银灰色的、第一间蜂窝已经筑成了。

于是，我和爷爷面对面开颜而笑，笑得十分舒心。我不由得暗暗告诉自己：再不做一件伤害旁人的事。

导读

　　冯骥才，生于1942年，作家、学者。代表作《花脸》《啊！》《雕花烟斗》《高女人和她的矮丈夫》《神鞭》《珍珠鸟》等。

　　"捅马蜂窝"这个词语，我们在日常生活中也常常用到，它的意思是惹祸或是触动不好惹的人。在《捅马蜂窝》这篇文章中，"我"是真的捅了马蜂窝。作者在讲述这件事情的时候，线索清楚，"我"在爷爷的后院发现了马蜂窝，由于好奇心，去捅了马蜂窝。这不仅导致自己被蜇，还彻底毁了马蜂的家。"我"对此感到非常后悔，后来终于在爷爷后院又见到了马蜂窝。

　　作者善于运用比喻的手法，尤其是将马蜂比作"一架燃料耗尽、决心相撞的战斗机"，形象生动，将马蜂那种拼死一搏、决不后退、誓要复仇的气势表现得淋漓尽致。"我"也从中学到了重要一课——不要去伤害一切有生命的事物。

狗房子[1]

车培晶　著

一

先说那眼大井吧。

满五称那眼大井叫"湖"。井大、深，水黑绿黑绿，再旱的天这井水也旺。满五九岁那年，有了一把奶劲，父亲带他挖这井。父亲像门石炮，力气有的是，父亲认了死门儿，说田的下面有水脉。父子俩挖呀挖，挖了七天七夜了，也没见什么水脉。满五累熊了，躺在地上像死了的人。父亲坚信这地底下有水脉，咬了牙，一把薅起满五，俩人又开始挖呀挖，到了三七二十一天，出水了，水咕嘟咕嘟上涌，真的有水脉。父子俩却倒头睡在井沿上。这是几十年前的事了。

现在父亲早已不在了，满五独自守着这"湖"，耕"湖"边的一片好田，天旱了打井水灌田，庄稼就旺势势地长。

---

①选自《少年文艺》，1992年第9期。

　　就在这年入秋的时候，日本人来了，将田里的庄稼平了，在那眼大井边盖起驯养狼犬的大房子。一排排洋房子好气势哇，好田却被割零碎了，满五心如刀绞。这时候，来了两个日本军人，传满五去狗房子。满五去了。狗房里有十几条高头大犬，满五见了，心里"咯噔咯噔"老是跳。驯犬队长山阶七堂叽里咕噜冲满五讲话，一群狼犬也凶凶地朝他吠。满五看见山阶七堂同那些犬的眼睛都恶红红，像能扯出血丝子。山阶七堂是命令满五为他们种蔬菜吃。满五淌着一脸苦涩涩的泪回到了他的"湖"边。

　　这年，在关东大小城里都响着日本人的琴声、木屐声，日本人的旗子到处飘扬。

　　满五认了，给日本人种菜。

　　满五认识章傻子和铁皮娃是后来的事。

　　章傻子原是教书先生，教体育的吧，腿长，跑起来像鸵鸟，外号叫"气死马"。日本人来了，他就突然变疯了，教不了书，城里城外流浪。他也没有个家，困了，睡在哪儿哪儿就是家。有个叫铁皮的孤儿跟着他，这娃有十一二，认章傻子做了干爹。有条铁道从城里大码头那儿伸到郊外，再往大北边去。郊外是一段斜坡路，车行不太快。章傻子瞅上了，带铁皮娃就在铁道线上混吃喝。火车有来有去，轰隆轰隆见天价不断声。哪样车皮装运的是食物，章傻子的鼻子能闻出来，火车轰隆隆地跑来，章傻子像只龟掩卧在铁道边的防水墙顶上，盯准装食物的一节车皮，一跃，身子便死贴在上面，好吃好喝成包成箱往下扒。铁皮娃等候在路基下面的大沟里，上面扒下货，他捡了便往土坑里掩。食打多了，也往满五那儿送。满五见了洋货，馋都不敢馋，面色纸白纸白。章傻子认为满五是小瞧了自己，当着满五的面，将洋货往地上掼。满五就说："让日本人逮到哇，要让狗给撕吃了。"章傻子轻蔑地笑笑，拍满五的胸，骂他："汉奸汉奸。"满五听了塞耳，也不好跟个疯子怎样认真。但满五非常可怜铁皮娃，他担心这样胡干下去，总有一天娃子要跟章傻子吃大亏。

那日下了入冬的头一场雪。雪下疯了，一夜不开脸儿。天刚隐隐透亮，就刮起烈风，风搅浑了漫天的雪片子。铁路不见了，菜田不见了，狗房子卷在雪中，犬吠被风雪撕撕扯扯，像那些犬给捆在一架大秋千上，远远荡去，又急急荡回，犬吠忽远忽近。

章傻子外出弄吃的去了，铁皮娃冻昏在桥洞里，满五发现了，他抱起娃子回到他的木屋里。木屋里的炕很热，抽了两袋烟工夫，铁皮娃嘴里才有了热乎气。

这时，章傻子空着肚子，怀揣一块冻馍找来了。满五气着，不给他开门。章傻子恼了，一肩膀儿将这扇破门顶开。满五火火地就扑了上去，两个汉子厮打在一起。章傻子有股傻力气，险些把满五的一颗脑袋扭下来。铁皮娃被惊醒了，惧得哇哇哭。章傻子这才住了手，拾起滚在炕灶口边的那块冻馍，擦了擦，给了娃子。铁皮娃像饿鬼一样，大口大口啃嚼，像啃木疙瘩，眼珠子骨碌骨碌转，看看章傻子，瞅瞅满五。章傻子脸膛紫黑紫黑，满五嘴唇乌青乌青，俩人的喉呼哧呼哧大喘，像爬坡的火车头。

说这话时就来到大年了。

雪没化，又盖上一场。雪差不多没膝深浅了。一个天一个地就显得气息奄奄、苍苍白白，缺少龙虎气。

满五在日本人的狗房子里打杂工。蔬菜收下都贮在大窖子里，有那么一块暖窖里，畦点儿菜苗，没有更多的农事，日本人就派满五做杂工，扫狗圈，烧营房里的大煤炉，累也不说怎样累，有碗饭吃，当然是比不了狼犬吃得精细了。夜里是难熬了，满五独自睡一间木屋，听狗房子里阵阵犬吠，闻火车来来去去奔跑的声音，想东想西，想这想那，想了半夜，最后觉得自己还是不如章傻子。章傻子住桥洞睡车厢子，还有个好娃子与他搭伙，叫他干爹，可自己呢？想到这些吧，满五心中不禁就生出些凄凄悲悲的苦楚来。

正月里的一天，都快到三更了，章傻子跑来敲门。咣当，咣当咣。满五本不想理睬这疯子，但心疼门外还冻着个娃子，于是便撑了小灯，拉开门。

章傻子带了铁皮娃还有半屋的寒气进来了。章傻子瞅着满五拱拱手，傻笑一气，然后将破布袋里的洋酒、洋罐头摊到炕上。

瞅见酒，满五就动了心，他点燃一捆柴火，把个土炕烧得烙屁股热。

俩人坐在炕上，大一口小一口地喝上了。

喝着喝着过了岗子。满五像猪那样呜呜哭。章傻子一个劲儿把大鼻涕往脖上擦。俩人哭着哭着就都去搂铁皮娃的一颗热滚滚的脑瓜子。

满五哭道："傻子章，狗孙子你哇，有福，不娶婆娘，就有个儿子。"

章傻子咧了大嘴乐，指指狗房子那边："日，日本人，是你儿、你孙。"

满五听了，酒惊醒了一半，忙捂了章傻子的大嘴巴。俩人再喝，更醉了。满五一把揪住章傻子的长头发，吼道："让铁皮娃，也认满五我当干爹吧，我当大干爹，你，二干爹。你傻子章没满五我年岁大！"

章傻子的头发被薅掉一大把，便苦着脸点了点头。满五拉过睡着的铁皮娃，喊："我，满五，是你大干爹，喊啊，喊我干爹！"

铁皮娃迷迷瞪瞪，就喊了他一声"干爹"。

满五满意地笑了，用嘴巴去亲铁皮娃的脏脸。

到天放亮，俩人都醉成半死，像两堆烂泥，堆在炕上，四只手却都抓在铁皮娃的腿上脚上。

二

挨过冬，雪开始融化，大井边的田裸露出黑土。田里青一块白一块，像癞头疮。大井里有缕缕暖气儿袅袅上升。狗房子里的犬吠比隆冬里就显得闷一些了。

山阶七堂带一队日军在空场上驯犬，那场面，真让满五惊恐。几声枪响，一个衣衫褴褛的人在枯草稞子里狂奔，一群狼犬"呜呜"吼着，黑风扫地般朝那人追去。人被狼犬撕倒了，"嗷"一声惨叫，满五根本没有听到那人叫第二声，就见一群犬在草稞里撕扯成一团。过了一会儿，狼犬跑出了草稞子，嘴上都血红红的，有条高头大犬嘴里衔着颗血肉模糊的人脑袋……那天夜里，满五怕得怎么也睡不实，眼前总有一群狼犬在奔跑。

章傻子不照面了。从过了年，满五只见过他们一面。傻子还是那个样儿，长而乱的发，沾满眼屎的脸，破衣烂鞋；铁皮娃见高了一点，黑黑的，也很埋汰，耳孔里眼见让脏东西糊住了，戴着顶灰毡帽，帽还是章傻子做先生时戴的，也没个帽的样子了。满五想不出他们眼下是闯荡在哪儿，哪儿怕都不是他们好待的。满五不想章傻子，但他很惦记铁皮娃。那娃子不知怎么很牵他的肠。有时吧，在梦里就见到那娃子了，娃子还冲他乐。满五说："儿啊，喊我一声爹。"娃子喊了。满五就美滋滋地笑。笑了，就醒了，才知道是个梦，却还觉得木屋里有那娃子喊爹的声音尾巴在颤荡，抹把脸，手上沾了一串稠稠的泪。

春天的大风刮起来了。春风不刮，杨柳不发。刮了几天风，大井边就有草芽子在石缝儿间莹莹地闪着。大井里的水不时地打着泡儿，一串串，好像有什么东西在下面吐。满五也并没去多心。满五没料到，这井开始有了变化。

头半晌儿时，山阶七堂指挥一队日军在田里练投弹。弹是真的，是那种有癞瓜纹的手雷。轰轰！一声又一声巨响，天在摇晃，地在打战，黑土扬到天上，遮暗了太阳。黑土落到大井里，井水翻水花儿，满五的耳孔铮铮地乱叫唤，半天静不下来。满五很担心手雷会落到井里，会炸塌井石。当年跟父亲掘这井出了多大力啊！想到父亲，父亲石炮一样结实的身影便在满五眼里晃着。满五又想，父亲即使还活着，也白搭了，也只有眼看着日本人胡来，世道变了，天下是日本人的哇。

受训的日本军人像是些新征的兵，都挺年轻，仔细看还挂着乳气。忽然，山阶七堂往死里打一个兵的耳撇子，左一撇子，右一撇子，那兵白嫩嫩的，细细的短个头，没有兵的样子。山阶七堂打够了，手一挥，那兵就抓颗手雷往前跑几步，投出去，雷炸了，兵跟着一摇晃，再投一颗，投歪了，手雷落在了大井里，却没有炸出声。原来，是这白脸小兵没有扯导火线。山阶七堂又给了那兵一记耳撇子，走到大井边上，望着黑绿黑绿的水，腮一鼓一鼓。

这工夫，白脸兵去把满五喊过来了。

山阶七堂瞪着红眼珠指指挂在皮带上的手雷："满的，下去，捞这个的干活。"

满五知道是非要下去不可了，推辞是推不掉的。春日里的井水毕竟寒着，满五赤条条的下去了。井水有两三个人深，满五憋满一口长气，潜到水底，手在乱石中摸，摸到了那颗冰冷的铁物。就在他要往水面上升去时，忽觉脚趾像给刀跺掉那样疼，四肢一抽搐，手雷又从手里掉到了井底。满五啥也顾不及了，惊恐地爬上井台，见一只脚鲜血淋淋，大脚趾齐刷刷地没了。山阶七堂愣了愣，继而哈哈大笑："满的，你的脚趾的、手雷的，统统留在井里。"

没人再敢下井。

但令满五大惑不解的是，自从他的脚趾和日本人的手雷留在大井里后，井水不知怎么就一天天下沉起来。天旱是旱着，可往前还有比这更旱的天，井水该旺还旺。那么，这井是怎么了？满五百思不得其解。他面色憔悴起来，似害了场大病。他非常难过，他难过有一天他的"湖"果真枯涸了，那他就对不住埋在黑土下面的父亲了，父亲正是挖这眼井时落下了病根，后来才病死的。

满五很想把这些话跟谁说说，哪怕是个傻子或是个娃子都可以，说出来，他心里也会敞亮敞亮。

满五就非常盼望能见到章傻子和铁皮娃。

三

天是暖起来了。

播种下的菜已冒出尖尖的黄芽子，用不了多久，狗房子里的日本人就能吃上满五送去的鲜菜了。山阶七堂很喜欢吃满五植的番茄。满五很会植番茄，秧子并不蛮长，果子却一茬连着一茬，都粉嘟嘟，浑圆硕大。自然，没有那大井里的水灌溉，无论如何也生不出那般好的番茄。

铁道线上的火车呜呜叫，开过一列，又一列，惊得林中的一群麻雀落也落不下。一双花鹊，正在树尖上甜甜蜜蜜地筑巢，火车响过，那将筑起的巢不知怎么就哗的一声散落下来。花鹊双双朝远去的火车喳喳大吵。火车驶得风快，铁道边的林子乱晃，黑黑的一节节车壳子上画的满洲国铁路标志扯起一条模糊的白色带子，悠悠地飘动着。

满五站在菜田里惶惶恓恓地望着那一列列奔驶的火车，心里在惦记，这一列或那一列车上不会有章傻子、铁皮娃吧？

没有，章傻子和铁皮娃像是远走高飞了，满五一直没再见他们的影儿。

天旱起来了。每年的这个季节天都要死死旱上些时候，靠这大井，每年田里的庄稼都能挨过这段旱日子。眼下，又是十几日没见雨星儿了。

满五本该操起木桶到井上拔水灌菜田，好让那菜苗儿旺旺地长。但他没有。他在等着天下雨，他不想再从井里拔一桶水——那井水一天天下沉着，是经不住再从里面往外拔了呀。他这样想。

他就盼着天下雨，更盼着能见到章傻子和铁皮娃，好同他们说这井水有了变化的事。

深夜，满五忽然听到铁道那边响起一阵犬吠。天天夜间都有犬吠，但这阵子犬的叫声，满五听起来却感到有些不同往常了。

满五走出木屋。

夜空瓦蓝瓦蓝，缀着几颗稀稀落落的星，天显得又空又远。半只月亮，恹恹的样子斜仵在半空上，四周有圆状风环。犬吠声更紧起来，从铁道的西边响到东边，似夹杂着人的喊叫声，是日本人的声音。满五忽然有了一个不好的预感。他很不希望这种预感成为现实。但在月亮又向下沉了时，那片犬吠人喊的声音便朝狗房子这边移来了。满五的心吓得一蹦，他分明从那片人犬混杂的声音中辨出了章傻子的吼声。

章傻子死了。隔了两天，满五才知道。

章傻子扒火车搞不到吃的，竟把军列上的步枪扒下七支。那是七支崭新的裹有黄油的步枪。山阶七堂的犬队接到搜枪的命令，追查了半个春天，查到章傻子身上。

山阶七堂审这疯子，疯子呵呵哈哈地大笑，说些疯疯癫癫不着边的话。其实，章傻子肚子里是清楚的，他把那七支枪卖给大山里的一拨山胡子了。章傻子知道，那些山胡子常下山打劫日本商行，他们手里有些金银，章傻子想用枪换金银，山胡子们没有给他金银，拉来个从城里绑上山的日本女人，章傻子看也没看女人一眼，就下了山。这样，他辛辛苦苦搞到的七支步枪就啥玩意儿也没换到。但他很高兴。那些山胡子专搞日本人的东西，把枪给了他们，章傻子一点儿也不感到亏。后来，章傻子就提出带日本人去取枪。山阶七堂满认为枪被疯子藏在了一个什么地方，于是带一队人和犬跟章傻子走。走哇走哇，走进了大山里面，四下里是悬崖峭壁、黑森森的松林，章傻子突然放开嗓门吆喝："日本人来了，快放枪打哇！"山上的胡子队伍的枪朝日本人打响了。山阶七堂才知上了疯子的当，忙往回撤，一群狼犬便活活把章傻子的脑袋咬了下来。

章傻子的脑袋被悬吊在铁道货运站门外，那里有很多中国劳工。

满五盼了一个春天想见到章傻子，而章傻子就这样死了。

四

天刮起阵阵干燥的大风，空中一丝云也不挂。确实是遇到百年不见的大旱了，田里的菜苗蔫起来，风不时将尘土卷到太阳那儿，太阳把它们烘得发烫再扬回到田里。山野仿佛燃火就能旺旺烧起来。

一点办法都没有。满五不想拔井水浇菜田，不想。他也根本不把心放在菜田里了。他四处寻找章傻子撇下的铁皮娃。沿着长长的一条铁道线，找了两天两夜，在一座铁道涵洞子里找到了那娃子。

铁皮娃睡在一堆枯草秸里，身上盖着章傻子的一件破棉袄，怀里掖着柄刀子，刀口上有几处豁口。满五心头热热的，他把睡沉着的铁皮娃抱起来，刀子落地的声响惊醒了娃子，娃子从满五怀里挣脱出来，抓起刀子，刀口寒光闪闪。

"娃，跟我回去吧。"满五眼里湿漉漉的。

铁皮娃勾下脑袋，不吭声，用刀背在洞石上磕，当当响。

满五慢慢坐下来，把铁皮娃揽在怀里，说："娃，你看，天老旱老旱，也不落雨，我的'湖'眼见着要枯了哇。唉，天旱到哪儿，那'湖'也不该枯哇。我父亲说，那'湖'是挖到了真正的银泉上，金泉银泉，那是水龙王的两根地脉哇，就好比人的大粗血管子，那要是枯了，还了得？可是啊，'湖'水在沉啊，一天不停地沉啊……"

满五合上了嘴，不再讲，他的眼眶里有稠稠的泪在涌。铁皮娃睡在他怀里，娃干枯的唇上有黑色的血痂。

满五小心地抱起铁皮娃，弓着腰，一步步走出涵洞子，向自己的小木屋那儿走去。

这时，天色慢慢就放暗了。铁道边上的树林子遮在灰蒙蒙的暮风中，几棵触到月牙儿的大树尖上，坐着黑黑的几蓬硕大的鹊巢，巢在沉沉的空中颤颤摇曳，摇出一个个轮廓不规整的剪影儿。

五

狗房子里的日本人急着吃鲜蔬菜。天老旱老旱连个阴脸儿也不给，单指望早晚两头的一点点露水，菜自然长不快。山阶七堂唤来满五，他"巴嘎巴嘎"大骂满五，令满五连夜挑井水浇菜田，三日后他要吃上鲜蔬菜，否则就剜满五的心肝吃。

满五步履沉沉地从狗房子里那一片狼狗的狂吼声中走回来。到了木屋，却不见了铁皮娃的影儿，娃子那柄刀子也不见了。娃子去哪儿了？满五很着急。

子夜这当儿，狗房子里枪声砰砰砰一阵尖响，跟着是犬吠大作，天地被惊得直跳高儿。一会儿犬吠和着嗒嗒嗒的皮靴声向远远的地方移去了。这是日本人夜间驯犬，一直要跑到铁道东头的海口子，天放亮时才能回来。这个规律，满五摸得熟透了。热燥燥的风在空中旋来舞去，月儿瑟瑟地抖动，似一圆纸片被风掀动着，使人担心会坠下。

满五在茫茫的夜色中，忽然发现了铁皮娃。铁皮娃是从狗房子那堵铁棘墙后闪出来的，他怀里抱着只狗崽儿，狗崽儿呜呜呀地叫。满五的心像被戳了一刀。

那狗崽儿是刚刚服役的一只德国种狼犬，是山阶七堂的心肝。

满五的腿软成泥了，他不知是怎样截住了铁皮娃，他死死抓住娃子握刀的手腕，嗓音像是从深深的井水里传上来："娃，你……山阶七堂、日本人会把你杀了哇！"

"日本人的狗咬死了我干爹！"铁皮娃疯鬼一样喊，他的牙齿咬出很响的声音。

"娃，这天、这地是日本人踩着的哇，咱们好好过日子……"满五乞求道，他夺下铁皮娃手里的那柄有豁口的刀子，用力抛向空中。刀在夜色里闪了闪，落到很远的黑处。

但是，铁皮娃用锋锐的牙齿死死咬住了狗崽儿的颈。狗崽儿细声叫着。

满五猛然揪住铁皮娃的头发，揪下好大一把。娃子疼昏了，狗崽儿落地，叫着朝狗房子那边一歪一歪地逃去。铁皮娃昏倒在满五怀里，他的嘴巴满是恶腥的狗血。

"娃，娃……"满五心痛地摇着铁皮娃。

好一会儿，铁皮娃才苏醒过来。

满五泪流满脸，他说："娃，听话哇，好好过日子，我不是你干爹吗？我能养活你哇。"

"你不是，不是干爹，章傻子是，你不是！"铁皮娃大喊，他在满五怀里又踢又蹬，忽然一口咬住了满五的手。

满五一下就瘫软了，没有一点力气了。他放开了铁皮娃。

夜色沉沉，月亮滑入另一个世界去了。满五眼睁睁望着铁皮娃的身影融进了黑蒙蒙的夜中。他没有去追娃子，他没有勇气去追。他做梦都想让娃子喊他干爹，他想让娃子像喊章傻子那样喊他干爹，同他搭伴度一个个寂寞的夜，但是这已经完全不可能了。风刮来，干燥而结实地扇在他半面脸上，可他一点儿感觉也没有。

夜空失去了月亮。满五的一颗心也像失去了。

六

第二天，满五便听到铁皮娃被日本人捉住了的消息。铁皮娃在那天夜里又一次摸进狗房子里时，就被日本人逮住了。

山阶七堂没有立即杀死他，而是将他吊在狗房子里的一根木柱子上，要让干裂裂的风将他一点一点枯死，枯成一根干柴棒。满五的心房空空荡荡，空空荡荡。他去了菜田，挥起一把大锄，把日本人急着要吃的还没有长大的菜苗全抹了脖儿。炎日下，菜苗很快便枯萎了。他又将沙沙作响的干菜苗连同黑泥一块装在大木桶里，然后他又去了大井边。他望着"湖"水在一点点往下沉，听着那咕咕响的水泡声。后来，他纵身跳入井里，那井水才淹到他的脖子那儿。

七

黄昏时，满五提着装满枯菜苗的大木桶去了狗房子。他仔细地看了一眼吊在木柱子上，还剩下一点点气息的铁皮娃，就把大木桶重重地摔在山阶七堂的面前，然后堂堂正正站在那儿。

山阶七堂怔了，一对红眼珠子就像要滴出血来，他暴跳如雷："巴嘎！良心坏了！"他转身一挥手，喊那群狼犬，狼犬狂风般卷过来。满五倒很镇定，脸色还是像刚进来时那样，他大着嗓音喊："铁皮娃，你看看哇，看看，我满五是你干爹，是哇……"狼犬扑上来了，满五还喊："娃，咱俩一起走，一起到阴间里见哇，好好过日子，娃……"满五的喉咙被犬咬住了，好几条大犬压在他上面。就在这时候，他拉响了怀里那颗手雷，那颗从大井里捞出来的手雷。

轰！有几条狼犬的腿飞到空中，狗房子在颤抖着，颤抖着……

八

几天后，降了一场大雨，磅礴大雨，漫天水雾茫茫。久旱的田野拼命吸吮着雨水。

雨后，天地水汪汪一片，但满五称之为"湖"的那眼大井居然不见水了。井枯了。黑洞洞的井底有只个头不小，与井石颜色相近的龟在作爬状。

又隔了数日，是个子夜，有一拨山胡子队伍打进了狗房子，枪声杀声搅浑了夜。有的山胡子使的正是章傻子从火车上扒下的枪。山胡子撤了，狗房子大火冲天，烧到天亮时，狗房子只剩下黑黑的一片残瓦焦木。

那眼大井至今还在，水盛盛的。据说在日本人投降之后，那井里才又有了水。

导读

　　车培晶，生于1956年，当代作家，山东牟平人。著有长篇小说《我的同桌是女妖》《你好，棕熊》，长篇动物小说《响尾姥鲨》，长篇童话《装在橡皮箱里的镇子》《捡到一座城堡》，短篇小说集《神秘的猎人》，中短篇童话集《魔轿车》等。

　　车培晶的小说中有一个十分明显的奇特现象——狗，成了举足轻重的角色。在小说中，狗或者是与主人公并肩作战的勇士，或者是日军的帮凶。作为自然界的动物的狗，此时俨然是一名社会成员。《狗房子》借助狗房子里发生的故事，体现的是抗日主题。章傻子、铁皮娃、满五本应算是抗日英雄，但是小说没有着力于塑造英雄的形象，而是侧重于表现人物细致微妙的心理活动，如集中写了章傻子的傻劲、疯劲，写了铁皮娃的幼稚、倔强和满五由怯懦到勇敢的转变。厚重的历史感和重大的思想价值就隐藏在其中。更神奇的是那眼大井，水从有到无，从无到有，似乎也在为抗日助威。

（本文导读作者：沈秀英）

历史

历史浩瀚如海，孔子是海中的一朵浪花。孔子，字仲尼，伟大的思想家、教育家。他在活着的时候，有志于学，提倡周礼，曾带领弟子周游列国，晚年修订六经（《诗》《书》《礼》《乐》《易》《春秋》）。孔子去世后，其弟子及再传弟子把孔子及其弟子的言行、语录和思想整理出来，编成《论语》，它被后世奉为儒家经典。

孔子创立儒家学说，提倡"仁"与"礼"，主张用道德和礼教来治理国家，以德化人，遵守周礼。儒家思想对中国、东亚乃至世界都产生过深远的影响。他建立全新教育理念，提倡"有教无类"，主张无分贵贱、不分国界，开创了教育普及的先河。他提倡"诗教"，倡导"美"与"善"的统一，将文学艺术与政治道德结合起来，用文学艺术陶冶情操，把思想教育当作改变社会的手段。孔子的思想至今仍闪烁着智慧的光芒。

孔　门[①]

李零　著

孔子的学生有多少？司马迁有两种说法。

一种是"弟子盖三千焉，身通六艺者七十有二人"（《史记·孔子世家》）。也就是说，孔子的学生有3000多人，其中成绩优异者72人，这是附会五行时令的吉祥数。

另一种是"孔子曰：'受业身通者七十有七人'"（《史记·仲尼弟子列传》），即真正得其传授，不但在籍，而且及门—登堂—入室，有77人。这大概是从《孔子弟子籍》中抄来的话。

孔子的弟子怎么这么多？这是我们每个人都会提的问题。

我们都知道，中国近代立新式学堂，才有"班级授课制"。"班级授课制"是17世纪捷克人夸美纽斯所创，不是几个学生，个别辅导，而是几十人，坐在一个教室里，老师前面是一堆课桌，后面有块黑板，大

---

①选自《丧家狗——我读〈论语〉》，山西人民出版社，2007年版。题目为编者拟定。

家在一块儿上课。这是我们都上过的学校，工厂式的学校。

孔子的时代不是这样，他的身边，一般只有两三个学生。我觉得，谈话效果最好，还是两个人谈，促膝谈心，面对面谈；三人也行，两人说，一人听，插着说或轮着说；三人以上的谈话，有点乱。孔子谈话，一般都是"二三子"，顶多四个人，加一个弹琴的（如《公冶长》5.26）。上课，就是陪老师聊天。或者坐在屋里，东拉西扯；或者在户外，边走边聊。我很羡慕那时的教学。可是，这么带学生，他怎么会有几千个学生？即使今天，一个教授，带3000个本科生、70个研究生，那也不得了。

司马迁的话是真是假？我们可以讨论一下。

他的数字，具体数，准不准，不敢讲，但学生很多，不是不可想象。

比如，大家可以读一下吕思勉的《讲学者不亲授》。他说，"汉世大师，所教授之弟子甚多"。多可以多到什么程度？《后汉书·儒林传》说，"精庐暂建，赢粮动有千百；其著名高义，开门授徒者，编牒不下万人"。我们从有关记载看，当时的大师，及门弟子上千，编牒弟子上万，常见。这是东汉时候的情形。西汉的规模，即使没这么大，也该八九不离十。

这等于说，一个教授，可以教一所大学。

学生这么多，怎么教？别担心，他是把学生分成很多层。

编牒，只是慕名前往、登记在册的学生，有点像现在，上个短训班，讨张证书，有那么个名义，也就是了。注册的学生，也叫"著录"或"在籍"的弟子，他们是外围的学生。大师，一般情况下，根本见不着。

及门，则是核心弟子，即入了老师门的弟子。这种弟子又分两种：一种是及门未入室，进过老师的门，没进老师的屋，未尝亲炙师教，顶多在院子里溜达；一种是入室弟子，可以进老师的客厅，旁无杂人，听老师亲授。比如西汉大师董仲舒，"下帷讲诵"，坐在帘子后面，"三年不窥园"（《汉书·董仲舒传》），院子里的人，自然见不着面；东汉大师马融，及门弟子有400多人，登堂入室的只有50多人，郑玄出其门下，也是三年都见不着一面（《后汉书·郑玄传》）。

见不着面的学生怎么办？很简单，可以让学生带学生，受业早的教受业晚的，学哪门的教哪门，转相传授，这叫"闻道有先后，术业有专攻"（韩愈《师说》）。读《论语》，我们不难发现，很多情况下，都是大徒弟在屋里和孔子谈话，其他学生，只能在门外候着，孔子走了，才追着大徒弟问，刚才老师都讲了什么（如《里仁》4.15）。孔子的学生，既然徒弟带徒弟，就有可能包括再传弟子（如陈亢），好像传销，一传一大片，当然人数很多。

大师竟然这么带学生，就像现在开玩笑，某教授跟自己的学生说，你不错嘛，可以考我的研究生——他的学生已经多得认不清了，就像老板认不得员工。所以，吕先生说，"此等大师，从之何益，居其门下者，得毋皆仰慕虚名，甚或借资声气乎"。

古代大师，发展趋势，颇类现在的歌星，很多仰慕虚名、借资声气的追随者（现在叫"粉丝"），远道前来，建舍赁屋，为的只是一睹风采，并不一定见过老师，更不一定得过什么具体指点。

更有意思的是，大师有时会公开演讲，"要名誉，广声气"，叫"大会都讲"。这是粉丝唯一可以见到大师的机会。

吕先生说，这种风气自汉以下一直就有，"会集者多，则人心易奋"。如宋明时期大师演讲，就有痛哭流涕者。清初唐甄说，"升五尺之座，坐虎豹之皮，环而听之者百千人。在堂下者望而不见；负壁者、及阶者见而不闻；寻丈之间者，闻而不知；在左右者，知而不得。是之为观讲。众观而已，何益之有"（《潜书·讲学》）。

"观讲"是一种表演，不会表演，不能当大师。

这段话很有意思，今天的大师演讲，也经常是这样，不同之处，只是多了麦克风和大屏幕。

读吕先生的书，我们可以明白，孔子的学生，比起汉代，并不算多，完全在合理的范围之内。

还有，孔子和学生的关系，也很特殊。

我们要知道，孔门也好，墨家也好，他们的教学组织或学术团体，和今天不一样，有人说，最像帮会。老师（墨家叫巨子）是老头子或大哥，核心弟子各有所长，彼此分工，好像堂口，弟子带弟子，形成很多层。德高望重的（颜回等）在最上层，其次有外交、财务和学术等若干部门。弟子入门拜师，要经人介绍，不能直扑老师家的门。见面要儒冠儒服，带见面礼（一捆腊肉），进行面试。阔学生还要给组织捐钱。如孔子周游列国，可能就是子贡掏腰包。学生不听话，老师可以让其他同学揍他。学生没什么毕业不毕业，终身随侍左右，有些弟子，像子路，还是孔子的保镖。老师呢，也因材施教，推荐他们四处做官。只要不出去做官，待在家里，就得紧跟再紧跟。比如孔子死了，还有一堆学生住在孔子墓的旁边。老师和学生的关系好像父子，老师喜欢，还能当女婿。老师的最高奖赏是他的女儿或侄女。

这是我要说明的地方。

孔子的受业弟子，最核心的弟子，到底有多少人？上面讲了，一说见《孔子世家》，72人；一说见《仲尼弟子列传》，77人。兼存异说，是《史记》的体例。《孔子家语·七十二弟子解》，题目作72人，篇中所列仍是77人，也是两存其说。如果我们把这些不同记载对一下，改正错字，去除重复，其实是77人。

这些弟子，有"先进"和"后进"之分。"先进"是早期弟子，"后进"是晚期弟子。他们并不全都见于《论语》。《论语》中的弟子有29人。

导读

李零，生于1948年，学者。从事先秦考古研究及中国古汉语研究。其主要著作有《孙子古本研究》《李零自选集》等。

初次听到"丧家狗"，可能会被吓一跳。孔子在郑国的时候，与弟子走失，在东城门旁等。郑国人跟子贡说，东门有人像丧家狗。子贡把这句话如实告诉孔子，孔子坦然地笑着说，确实如此。这件事在《史记·孔子世家》中也有记载——东门有人，其颡似尧，其项类皋陶，其肩类子产，然自腰以下不及禹三寸，累累若丧家之狗。在李零看来，任何怀抱理想，在现实世界找不到精神家园的人，都是丧家狗，《丧家狗》实则是李零对孔子的解读。

《孔门》节选自《丧家狗——我读〈论语〉》，要探讨的问题是孔子的学生到底有多少，以及孔子的学生为什么那么多，进而分析孔子是如何进行教学的。孔子的弟子分为编牒和及门两种，及门又分为入室与未入室两种，孔子对不同的弟子采取不同的教育方法，这与今日的课堂教学相比，显然是两种不同的教育模式。

孔子的一生①

李零 著

子曰："吾十有五而志于学，三十而立，四十而不惑，五十而知天命，六十而耳顺，七十而从心所欲，不逾矩。"

这段话很有名，谁都用它讲自己，以为是人生的指导原则。读它，有两点要注意，第一，这是孔子讲自己，话的头一个字是"吾"。既然是"吾"，可见是讲他自己的人生体验，不是讲别人活到某个年龄该怎么怎么样，也不是泛泛总结，说大家到了某个年龄该怎么怎么样。第二，孔子从15岁讲到70岁。他这一辈子，总共活了73岁，我们可以断定，此章的年代是前482至前479年之间。比前482年早，不可能；比前479年晚，也不可能。他是在70岁以后，回顾自己的一生，说了这几句话。每句话，都是他生命的一个片段。前人说，它是孔子的"一生年谱"（顾宪成《四书讲义》），或"一生学历"（程树德《论语集释》），有道理。

---

① 选自《丧家狗——我读〈论语〉》，山西人民出版社，2007年版。题目为编者拟定。

　　"吾十有五而志于学"，15岁，古人叫"成童"，是小学毕业该升大学的年龄。我国古代只有小学和大学，没有中学。孔子少年老成，在这个年龄上，立志要做学问。现在的孩子不一样，15岁，正值青春期躁动，最闹，俗话说，"十五六，狗都嫌"。"阳光灿烂的日子"，就是这个年龄。这个年龄，西方叫Leenager（一般指13～19岁的半大小子和半大闺女），他们打架、吸毒、听摇滚，邻居怕，家里操心。美国法律规定，16岁以上可以开车、喝酒，脱离父母，搬出去住，这是他们的"成童"。

　　"三十而立"，中国古代，15岁是一大坎。比它晚，20岁也是一个坎。20岁，古人要为男孩举行冠礼（戴帽子礼），即成年礼，表示他已长大成人，但孔子没讲。他看重的是30岁。30岁，为什么说"而立"，清宋翔凤说，是"壮而有室"（《论语发微》），即我们常说，有了老婆孩子，才有社会责任感的年龄。但孔子早婚（以现在的标准讲，有点早），19岁娶媳妇，20岁有孩子，照此说，该是"二十而立"，可见不对。另一种解释，是孔子自己的说法，即"不知礼，无以立也"（《尧曰》20.3），明顾宪成说，立不立，关键是知礼，只有知书达理懂人事，才叫成人（《四书讲义》）。这种说法更合理。孔子出名早，27岁跟郯子学礼，30岁以知礼名，景公和晏婴向他问礼就在这一年。可见"三十而立"是这个意思。

　　"四十而不惑"，孔子在鲁国出名后，开始出国游学找工作。34岁，他到周都洛阳，向在王室图书馆当差的老子问礼。35岁，他到齐国找工作，齐景公说，不好安排。前一事，有人怀疑，但后一事，毫无问题。孔子短暂出国，回到鲁国后，没官可做，只好死心塌地做学问。35岁以后，50岁以前，他一直在家读书习礼，教书育人。40来岁这阵儿，他全力治学，越学越明白，当然也就"不惑"了。

　　"五十而知天命"，什么叫"知天命"？就是知道自己几斤几两，到底能干点什么，命中注定该干点什么。孔子说，"不知命，无以为君子也"（《尧曰》20.3）。他认为，学习的目的，是造就君子，君子的使命是做官；读书一定要做官，没商量，但什么时候出山，在谁手下干事，全看天命如何。鲁昭公时，机会未到，孔子只能埋头读书，自娱自乐。鲁定公即位四年后，孔子47岁，阳货请他出山，他没答应，一直等阳货逃亡，才肯出山。他出来做官时51岁，正好在他"知天命"后。

孔子"知天命"，据说和学《易》有关。如司马迁说，"孔子晚而喜《易》，序《彖》《系》《象》《说卦》《文言》。读《易》，韦编三绝。曰：'假我数年，若是，我于《易》则彬彬矣。'"（《史记·孔子世家》）。"晚"是多少岁？司马迁没直接说，但他引用的孔子语，是出于《论语》。孔子说，"加我数年，五十以学《易》，可以无大过矣"（《述而》7.17）。皇疏说，这是从45或46岁，加上几年，到50岁。邢疏说，这是从47岁，加上几岁，到50岁。也就是说，他是因为学《易》，知道自己该出来做官，才出来做官。所以第二年，他才出来做官。这是汉代的说法。

"六十而耳顺"，什么叫"耳顺"？比较费解。我把我的猜测说一下。第一，我们要注意，古人所谓聪明，聪是听力好，明是视力好。尽管俗话说，眼见为实，耳听为虚，但耳朵比眼睛受时空限制小，古人认为，耳朵比眼睛更重要。比如圣人，圣人都是绝顶聪明、天生聪明。圣，古文字，与听字和声字同源，主要就是指耳朵好，善于倾听民间疾苦，善于接受贤达劝谏。第二，我们看孔子年表，60岁前后，他在干什么？原来，55岁到68岁，他正在周游列国，到外国找工作。孔子一路颠簸，很不顺心，但他很虚心，楚狂接舆、长沮、桀溺、荷蓧丈人，什么挖苦话，他都听得进去，就连郑人说他"累累若丧家之狗"，他也点头称是（《史记·孔子世家》）。我想，60来岁的人，阅世既久，毁誉置之度外，爱怎么着怎么着，这可能就是"耳顺"吧？

"七十而从心所欲，不逾矩"，这是最高境界，分寸最难拿。小孩倒是从心所欲，但大了，就不许撒泼打滚。孙悟空大闹天宫，也是从心所欲，但大闹，还有什么规矩？受戒出家后，规矩倒是有了，不听话，还有紧箍咒，但这么一来，还有什么从心所欲？两全其美，太难。人活着，就有规矩管着；死了，才彻底自由。孔子活了73岁，和今天中国的平均寿命比，好像算不了什么（现在的平均寿命是72岁），但按过去的标准，已经活过梭儿了。从必然王国到自由王国，是一个抽象标准，人之将死，离自由最近，或许近之。豁达的人，活明白的人，不只耳顺，心也顺了，物我两忘，没什么舍不得放不下的，这叫"从心所欲"。"从"有两种读法：一种是读如本字，指随心所欲，想怎么样就怎么样；还有一种是读为纵，什么都放得开，放胆放言，想干啥干啥，意思差不多。"不逾矩"，是无法中有法，怎么干怎么对头，处处合乎规矩，虽有规矩，不碍自由。人，只有活到头，才能活明白，但很多人，到死都不明白。

孔子志在天下，但命途多舛。他这一辈子，从"志于学"到"而立"到"不惑"，主要是学习；从"知天命"到"耳顺"，主要是求仕。然而结果怎么样？晚景孤独而凄凉。孔子以68岁高龄回到鲁国，几乎每年都有伤心事：69岁，儿子死了；71岁，绝笔《春秋》，颜回病逝；72岁，仲由死于卫。然而，最奇怪的是，过了70岁，即将走完人生旅程的他，却说自己已达到"从心所欲，不逾矩"。

死亡是最大的解放。

大家读这一段，不妨对比一下王国维的《人间词话》。王国维讲"三境界"，"昨夜西风凋碧树，独上高楼，望尽天涯路"，是寻找目标；"衣带渐宽终不悔，为伊消得人憔悴"，是穷追不舍；"众里寻他千百度，蓦然回首，那人却在，灯火阑珊处"，是如愿以偿。

孔子是赍志而殁，并非如愿以偿。王国维更惨，跳了湖。

前些年，中华书局出版过一套《人生借鉴译丛》，就是按孔子的话编译，外国的名人在30岁、40岁、50岁、60岁、70岁上有什么感受，大家可以看一下。

导读

《孔子的一生》节选自李零的《丧家狗——我读〈论语〉》，分析的是孔子的名言——"吾十有五而志于学，三十而立，四十而不惑，五十而知天命，六十而耳顺，七十而从心所欲，不逾矩。"

这句话是孔子对自己一生的概括。15岁，古人叫"成童"，孔子立志做学问。30岁，孔子以知礼闻名，知书达理懂人事；齐景公和晏婴向他问礼，就在这一年。40岁，致力于做学问，读书习礼，教书育人，因而就"不惑"。50岁，知道自己到底能干什么，孔子认为学习的目的是做君子，君子的使命是出仕，辅佐贤君。所以，孔子选择出来做官。60岁，孔子有了丰富阅历，毁誉置之度外，楚狂接舆、长沮、桀溺等人的挖苦话都听得进去，这便是"耳顺"。70岁，无法中有法，处处合乎规矩，虽有规矩，不碍自由，活得明白。

活孔子和死孔子，
真孔子和假孔子①

李零 著

孔子到底是什么样的人？美国学者詹启华（Leonel M.Jesen）说，传教士塑造的儒家和近人的尊孔，都是"人造儒教"（Manufacturing Confucianism），我们也可以说，汉以来或宋以来，大家顶礼膜拜的孔子是"人造孔子"。现在的孔子，更是假得不能再假。活孔子和死孔子，就是不一样。前者是真孔子，后者是假孔子。现在，什么都能造假，对孔子也要打假。

我把我的基本印象讲一下，请大家检验一下，我的说法对不对。

（一）活孔子

现在，时髦说贵族。很多人都查出来了，"我是少爷"。贵族是遗老遗少。周代，什么人是遗老遗少？宋人。他们是商王的后代。宋人喜

---

① 选自《丧家狗——我读〈论语〉》，山西人民出版社，2007年版。

欢讲老礼儿，典型代表是宋襄公。他自称"亡国之余"，死守古代军礼，"不鼓不成列"（《左传·僖公二十二年》），结果被摆好阵势的楚人打败，伤重不治，死掉。毛泽东称他为"蠢猪式的仁义道德"，但搞文学的喜欢说，他是"中国的堂吉诃德"。我说，中国还有一个堂吉诃德，就是孔子。孔子也是宋人的后代，只不过他要讲的老礼儿，不是商人的礼，而是周公的礼，因为他出生在鲁国。

活孔子是典型的复古主义者。西周灭亡，东周衰败，贵族传统大崩溃，礼崩乐坏，他看不惯，坐不住。他不是当时的贵族，却比贵族还贵族，唯恐他们完蛋了，"郁郁乎文哉"的周代文化也随之灭亡。他死乞白赖劝他们，一定要复周公之礼。但鲁君不听，其他国家的国君也不听。他颠沛流离，到处跑，谁都不听，好像无家可归的丧家狗。一路上，很多隐者，当时的不合作主义者，全都嘲笑他，说他是"知其不可而为之"，但他一辈子都生活在周公之梦当中，就像塞万提斯笔下的堂吉诃德，可笑也可爱。

（二）死孔子

特没劲。基本上是老子说的刍狗，今人说的摆设、道具和玩偶。历代皇帝都捧他，越捧越高，也越捧越假。

孔子在世时，不是王，不是公，不是侯，也不是圣人。孔子心目中的圣人，是尧、舜那样的圣王，天生聪明，绝顶聪明，有权有位，可以安定天下的百姓。这样的大救星，全国人民的大救星，孔子说，他绝不敢当（《述而》7.34）。孔子无权无位，没有办法救国救民，这是明摆着的事。

可是，他的学生，心往一处想，劲往一处使。别的事好商量，这件事，一定要替老师做主。

孔子活着的时候，曾明确讲，他不是"生而知之"的人（《述而》7.20），他只承认自己好学，勤勉刻苦，持之以恒，并不认为自己多聪明。但子贡跟别人说，他的老师是"天纵之将圣"，孔子当即予以否认（《子罕》9.6）。孔子当圣人，是孔子死后，子贡的杰作。宰予和有若也参与了这一活动（《孟子·公孙丑上》）。老师明明说，我不聪明。他们说，怎么不聪明？自有人类以来，谁都比不上老师。坚决不听孔子的话。

孟子也不听孔子的话。他说，孔子是"集大成者""圣之时者"（《孟子·万章下》），圣人圣人，不绝于口。孔子明明说，圣人都是死人，活着根本见不着（《述而》7.26），他却偏偏说，孔子就是活圣人。

还有荀子，他说，舜、禹是"圣人之得埶（势）者"，孔子是"圣人之不得埶（势）者也"（《荀子·非十二子》），圣人本来是有权有势的人，他说无权无势也可以当圣人，这是荀子的修正主义。

我琢磨，他们一定认为，老师太谦虚，他老人家自己当然不好意思说。咱们这些当学生的，可不能不说。他老人家不在，就更得说了。

于是，孔子的头衔越来越多。

鲁哀公十六年（前479年），孔子死，鲁哀公给这位"老公安部部长"致悼词（诔），还只称他为"尼父"，犹太公之称"尚父"，只是称字不称名而已。称字，在古代是地位低的人和年龄小的人对地位高的人和年龄大的人讲的。当时的悼词，顶多如此。什么王呀公呀侯呀圣呀师呀，全都没有。

战国和秦代，孔子是个普通人，名气虽大，却只是众多学者和批评家中的一个。他做梦都想不到，他会阔起来。

孔子阔起来，是在汉代。

汉以来，孔子拟于公侯，谥"褒成宣尼公"。北魏以来改谥，曰"文圣尼父"，加了"文"字和"圣"字。隋文帝则赠"先师尼父"，始称"先师"。唐玄宗更称之为"文宣王"。明嘉靖九年（1530年），去王号，只称"至圣先师孔子"。清代顺治皇帝初称他为"大成至圣文宣先师孔子"，后仍沿明制，只叫"至圣先师孔子"（《世载堂杂忆·孔子历代封谥》）。

虚君式的素王还是读书人的祖师爷，当皇帝的考虑再三，还是更倾向于后者。他是中国的"伟大导师"。

（三）真孔子是教书匠的祖师爷

历代统治者给孔子的封号，全是属于追封，即现在说的追认。这些显赫的头衔，几乎全是假的，王、公、侯、圣，通通都是假的，真的只有一条，就是师。孔子在民间办学，培养新君子，教他们读古书，习古礼，然后去当官，当他认为的好官。他的学生，很多都当了官。后世的读书人，不管教人的还是被人教的，不管是准备当官的还是已经当了官的，都奉他为老师。中国古代的职业神，例称先某，比如耕田要奉先农，养蚕要奉先蚕，当木匠要尊鲁班。先师就是最早的老师。北京孔庙，隔壁是国子监。孔子是教书匠的祖师爷。这条是真的。他活着的时候就是教书匠。

（四）假孔子是历代统治者的意识形态

汉以来尊孔，主要是拿孔子当意识形态，特别是支配读书人的意识形态。秦始皇，大一统，统一学术，失败。他想统一，没搞好，跟读书人闹翻，导致焚书坑儒。汉武帝，罢黜百家，独尊儒术，对读书人送温暖，表关怀，才从根本上扭转局面。他的独尊儒术，目的不在复兴学术，而在统一思想，令天下英雄，尽入毂中。孔子死了，人不在了，但意识形态，一直靠他抓。历朝历代，替皇上把思想门，站言论岗，全靠他，等于宣传部部长、教育部部长和出版局局长。

我喜欢活孔子、真孔子，不喜欢死孔子、假孔子。

导读

　　《活孔子和死孔子，真孔子和假孔子》节选自李零的《丧家狗——我读〈论语〉》，分析的问题是孔子到底是什么样的人。

　　李零将孔子分为四种：活孔子、死孔子、真孔子、假孔子。活孔子如同塞万提斯笔下的堂吉诃德，他一生都致力于恢复周公之礼，虽然在当时的情况下无法实现这个理想，但是他并不愿意放弃，"知其不可而为之"。死孔子是指孔子死后被历代皇帝越捧越高，越捧越假：先是他的弟子们，对孔子进行歌颂；接着是皇帝们，尤其是从汉代以后，孔子被尊为圣人。真孔子是教书匠的祖师爷，在民间办学，培养君子，教导学生读古书，习古礼，鼓励学生当官。假孔子是历代统治者的统治工具，用孔子思想来统一天下人的思想，因而孔子成为支配读书人的意识形态。李零肯定的是活孔子与真孔子，否定的是死孔子和假孔子。

孔子最后的歌声[1]

李长之 著

孔子晚年的生活显露出了凄凉的晚景。现在只有子贡、子夏、曾子等这班年轻的弟子陪伴着他了。

一天，他对子贡说："没有人了解我呀！"子贡说："怎么说没有人了解你呢？"孔子说："我也不抱怨天，我也不怪什么人。我一生刻苦学习，有了现在这样的成就，只有天知道罢了。"

又有一天，他又对子贡说："我不再想说话了。"子贡说："你如果不说话，我们拿什么作为准绳呢？"孔子说："天说什么话吗？还不是一样有春夏秋冬，有万物生长吗？天说什么话吗？"子贡知道孔子的心情不同往日了。

现在到了孔子生命最后的一年了。这时是鲁哀公十六年，公元前479年。在这年的春天，孔子病了。

一天清早，子贡来看孔子。孔子已经起身，正背着手，手里拿着拐

---

[1] 选自《孔子的故事》，浙江文艺出版社，2008年版。

杖，在门口站着，像是等待什么的样子。孔子一见子贡来了，就说道："赐啊，你为什么来得这么晚呢？"于是子贡听见孔子唱了这样的歌：

泰山要倒了，梁柱要断了。
哲人要像草木那样，
枯了烂了！

这是孔子最后的歌声，"哲人"是孔子最后对自己的形容。孔子唱着唱着就流下泪来。子贡感到孔子已经病重了。

子贡赶快扶他进去。这时又听见孔子说："夏代人的棺材是停在东阶上的，周代人的棺材是停在西阶上的，殷代人的棺材是停在两个柱子中间的。我昨夜得了一梦，是坐在两柱间，受人祭奠呢。我祖上是殷人啊。我大概活不久了。"

孔子从这天起病倒在床上，再也没起来。过了七天，孔子在弟子们的悲痛中离开了他们。

鲁哀公亲自为孔子作了祭文，那祭文上说："上天不仁啊，连个老成人也不给留下。剩下我一人在位，孤孤零零，担着罪过。唉！尼父（指孔子）啊，我今后向谁请教啊？"

孔子死的时候是七十三岁。他的遗体葬在现在山东曲阜城北泗川旁边，就是被称为"孔林"的地方。

孔子死后，他的弟子像失掉了父亲一样哀痛，有很多人在他坟边搭棚，住了三年。过了三年，在分别的时候，大家又都哭了。子贡还不忍离开，又住了三年。

此后，弟子们还是常常思念孔子。他们觉得他们之中的有若很像孔子，便想拿有若当孔子来侍奉。子夏、子游、子张都赞成这样做，但是曾子提出不同意见。曾子说："这不成。我们谁能与老师比呢？老师就像江水洗过、太阳晒过那样的洁白光明，谁也比不上啊！"

孔子死后，弟子们常常清晰地回忆起孔子日常为人的态度。孔子是非常富有同情心的。他本来每天唱歌，但是遇到这一天有吊丧的，他就停止歌唱。他见到穿孝服的，见到瞎子，哪怕是年轻的，也一定起座，路上碰到也是赶快迎上前去。即便是很亲昵的朋友，如果有了丧事，他也一定表示严肃的哀悼；即便是日常可以开玩笑的人，假若是穿上丧服或者眼瞎了，他就一定对他们保持礼貌。

有一次，一个叫冕的瞎了眼的乐师来见孔子。他走到台阶，孔子就告诉他："是台阶。"他走到屋子里的席子上，就告诉他："是席子。"等他坐下了，又介绍给他屋里的人："某某坐在这里，某某坐在那里。"等他走了，弟子子张便问道："这样岂不太琐碎吗？"孔子说："接待瞎眼的人，是应该这样子的。"

有一次，马棚失火。孔子首先问："伤了人没有？"不先问伤没伤马。

孔子的弟子公冶长不幸被捕入狱，孔子发觉不是他的过错，不但丝毫没有看不起他的意思，而且把自己的女儿嫁给了他。孔子对于人的同情和关怀就是如此。

孔子也很爱动物。孔子养的一条狗死了，便叫子贡去埋起来，并告诉他说："我听说，破帐子别扔，好埋马；破车盖别扔，好埋狗。我穷得连车盖也没有，你拿我的破席子去把狗盖上埋了吧，别叫它的脑袋露着。"

孔子对于老朋友，每每一直保持着友情。就是和自己作风不同的，也不肯轻易绝交。他有一位老朋友叫原壤，是个随随便便的人，孔子曾挖苦他说："年轻时就不规矩，长大了也没有出息，你这老不死的，真是一个贼呀！"说着便用拐杖照他的大腿敲了几下。

可是原壤死了母亲，孔子还是帮助他收拾棺材。原壤却疯疯癫癫似的跳到棺材上，打着棺材板，冲着孔子笑嘻嘻地唱起来。

孔子像没有听见一样，不理他。跟随孔子的弟子却忍不住了，说："这样的朋友，还不该绝交吗？"

孔子微笑着说："不是说，原是亲近的还应该亲近，本来是老朋友的也还是老朋友吗？"

孔子给人的印象是谦和的，但是他对于认为该做的事，是坚决地去做的。他曾说："看见应该做的事不去做，就是没有勇气。"又说："对于应该做的事，就不用客气，就是老师，也要和他比赛比赛。"他还说："早上明白了真理，就是晚上死了也值得！"

他说过的那句话："到寒冬，人们才知松树和柏树是不易凋零的。"这可以看作是他晚年的自赞。他又说："我到了七十岁上，才做到无拘无束，可是一举一动，也都离不了谱。"可以看出，他是无时不在努力，年年有进步的。

孔子的一些言行，常常泛上弟子们的记忆，也就被记录了下来。

和弟子们对孔子的崇敬相反，鲁国的贵族还是像从前一样毁谤孔子。子贡说："没有用啊。孔子是毁不掉的。这能对孔子有什么损害呢？这只是表明他们自己太自不量力罢了。"

从事教育超过四十年的孔子，就在弟子心目中留下了这样深刻而难忘的影子。

导读

李长之（1910—1978），作家、文学评论家、文学史家。代表作有《道教徒的诗人李白及其痛苦》《司马迁之人格与风格》等。

《孔子最后的歌声》选自《孔子的故事》，这本书讲述了孔子的生平和他发展教育的经历。孔子在晚年的时候，感到理想不能实现，郁郁不得志。在孔子生命的最后一年，子贡来看望孔子，孔子向他感叹，泰山将要坍塌了，梁柱将要腐朽折断了，哲人将要如同草木一样枯萎腐烂了；天下无道已经很久了，没有人肯采纳自己的主张，自己的主张不可能实现了。孔子去世后，还一直被弟子们深深怀念。在弟子们的心中，孔子是有礼的，他富有同情心，善待朋友，追求真理，坚持自己的理想。我们今天尊重孔子，了解孔子的生平经历，也是希望自己能做一个像孔子那样的君子。

情感

　　情感是复杂的。我们对情感的认知是怎样获得的呢？我们是怎样来处理情感问题的呢？什么样的情感是值得我们珍惜的？关于情感，每个人都有疑惑。

　　亲情是重要的情感，每一个孩子最初都是从父母那里感受到亲情，获得对情感的认识，这是孩子们成长的重要部分。父母是孩子学习的榜样，他们的一言一行都可能给孩子带来潜移默化的影响。身为父母，也是需要不断学习并经常反思的，若是发现自己做错了事情，也要及时反省。胡适的《我的母亲》与史铁生的《合欢树》都是回忆母亲的文章，他们的母亲尽自己的全部力量，给予了他们成长的养分。《儿女》从父亲的角度，反思了自己对待儿女的态度。《你可听见沙漏的声音》关注的则是外婆与孙女之间的情感，细腻动人。

我的母亲①

胡适 著

　　我小时候身体弱,不能跟着野蛮的孩子们一块儿玩。我母亲也不准我和他们乱跑乱跳。小时不曾养成活泼游戏的习惯,无论在什么地方,我总是文绉绉的。所以家乡老辈都说我"像个先生样子",遂叫我作"穈先生"。这个绰号叫出去之后,人都知道三先生的小儿子叫作穈先生了。既有"先生"之名,我不能不装出点"先生"样子,更不能跟着顽童们"野"了。有一天,我在我家八字门口和一班孩子"掷铜钱",一位老辈走过,见了我,笑道:"穈先生也掷铜钱吗?"我听了羞愧得面红耳热,觉得太失了"先生"身份!

　　大人们鼓励我装先生样子,我也没有嬉戏的能力和习惯,又因为我确是喜欢看书,故我一生可算是不曾享受过儿童游戏的生活。每年秋天,我的庶祖母同我到田里去"监割"(顶好的田,水旱无忧,收成最好,佃户每约田主来监割,打下谷子,两家平分),我总是坐在小树下

---

①选自《胡适自传》,江苏文艺出版社,1995年版。

看小说。十一二岁时，我稍活泼一点，居然和一群同学组织了一个戏剧班，做了一些木刀竹枪，借得了几副假胡须，就在村口田里做戏。我做的往往是诸葛亮、刘备一类的文角儿；只有一次我做史文恭，被花荣一箭从椅子上射倒下去，这算是我最活泼的玩意儿了。

我在这九年（一八九五——一九〇四）之中，只学得了读书写字两件事。在文字和思想的方面，不能不算是打了一点底子。但别的方面都没有发展的机会。有一次我们村"当朋"（八都凡五村，称为"五朋"，每年一村轮着做太子会，名为"当朋"）筹备太子会，有人提议要派我加入前村的昆腔队学习吹笙或吹笛。族里长辈反对，说我年纪太小，不能跟着太子会走遍五朋。于是我便失掉了学习音乐的唯一机会。三十年来，我不曾拿过乐器，也全不懂音乐；究竟我有没有一点学音乐的天资，我至今不知道。至于学图画，更是不可能的事。我常常用竹纸蒙在小说书的石印绘像上，摹画书上的英雄美人。有一天，被先生看见了，挨了一顿大骂，抽屉里的图画都被搜出撕毁了。于是我又失掉了学做画家的机会。

但这九年的生活，除了读书看书之外，究竟给了我一点做人的训练。在这一点上，我的恩师便是我的慈母。

每天天刚亮时，我母亲便把我喊醒，叫我披衣坐起。我从不知道她醒来坐了多久了。她看我清醒了，便对我说昨天我做错了什么事，说错了什么话，要我认错，要我用功读书。有时候她对我说父亲的种种好处，她说："你总要踏上你老子的脚步。我一生只晓得这一个完全的人，你要学他，不要跌他的股。"（跌股便是丢脸出丑。）她说到伤心处，往往掉下泪来。到天大明时，她才把我的衣服穿好，催我去上早学。学堂门上的锁匙放在先生家里；我先到学堂门口一望，便跑到先生家里去敲门。先生家里有人把锁匙从门缝里递出来，我拿了跑回去，开了门，坐下念生书，十天之中，总有八九天我是第一个去开学堂门的。

等到先生来了，我背了生书，才回家吃早饭。

我母亲管束我最严，她是慈母兼任严父。但她从来不在别人面前骂我一句，打我一下，我做错了事，她只对我一望，我看见了她的严厉眼光，便吓住了。犯的事小，她等到第二天早晨我眠醒时才教训我。犯的事大，她等到晚上人静时，关了房门，先责备我，然后行罚，或罚跪，或拧我的肉。无论怎样重罚，总不许我哭出声音来，她教训儿子不是借此出气叫别人听的。

有一个初秋的傍晚，我吃了晚饭，在门口玩，身上只穿着一件单背心。这时候我母亲的妹子玉英姨母在我家住，她怕我冷了，拿了一件小衫出来叫我穿上。我不肯穿，她说："穿上吧，凉了。"我随口回答："娘（凉）什么！老子都不老子呀。"我刚说了这句话，一抬头，看见母亲从家里走出，我赶快把小衫穿上。但她已听见这句轻薄的话了。晚上人静后，她罚我跪下，重重地责罚了一顿。她说："你没了老子，是多么得意的事！好用来说嘴！"她气得坐着发抖，也不许我上床去睡。我跪着哭，用手擦眼泪，不知擦进了什么微菌，后来足足害了一年多的翳病。医来医去，总医不好。我母亲心里又悔又急，听说眼翳可以用舌头舔去，有一夜她把我叫醒，真用舌头舔我的病眼。这是我的严师，我的慈母。

我母亲二十三岁做了寡妇，又是当家的后母。这种生活的痛苦，我的笨笔写不出万分之一二。家中财政本不宽裕，全靠二哥在上海经营调度。大哥从小便是败子，吸鸦片烟、赌博，钱到手就光，光了便回家打主意，见了香炉便拿出去卖，捞着锡茶壶便拿出去押。我母亲几次邀了本家长辈来，给他定下每月用费的数目，但他总不够用，到处都欠下烟债赌债。每年除夕我家中总有一大群讨债的，每人一盏灯笼，坐在大厅上不肯去。大哥早已避出去了。大厅的两排椅子上满满的都是灯笼和债主。我母亲走进走出，料理年夜饭、谢灶神、压岁钱等事，只当作不曾看见这一群人。到了近半夜，快要"封门"了，我母亲才走后门出去，央一位邻居本家到我家来，每一家债户开发一点钱。做好做歹的，这一群讨债的才一个一个提着灯笼走出去。一会儿，大哥敲门回来了。我母亲从不骂他一句。并且因为是新年，她脸上从不露出一点怒色。这样过年，我经历了六七次。

大嫂是个最无能而又最不懂事的人，二嫂是个能干而气量很窄小的人。她们常常闹意见，只因为我母亲的和气榜样，她们还不曾有公然相骂相打的事。她们闹气时，只是不说话，不答话，把脸放下来，叫人难看；二嫂生气时，脸色变青，更是怕人。她们对我母亲闹气时，也是如此，我起初全不懂得这一套，后来也渐渐懂得看人的脸色了。我渐渐明白，世间最可厌恶的事莫如一张生气的脸；世间最下流的事莫如把生气的脸摆给旁人看，这比打骂还让人难受。

我母亲的气量大，性子好，又因为做了后母后婆，她更事事留心，事事格外容忍。大哥的女儿比我只小一岁，她的饮食衣服总是和我的一样。我和她有小争执，总是我吃亏，母亲总是责备我，要我事事让她。后来大嫂二嫂都生了儿子了，她们生气时便打骂孩子来出气，一面打，一面用尖刻有刺的话骂给别人听。我母亲只装作听不见。有时候，她实在忍不住了，便悄悄走出门去，或到左邻立大嫂家去坐一会，或走后门到后邻度嫂家去闲谈。她从不和两个嫂子吵一句嘴。

每个嫂子一生气，往往十天半个月不歇，天天走进走出，板着脸，咬着嘴，打骂小孩子出气。我母亲只忍耐着，到实在不可再忍的一天，她也有她的法子。这一天的天明时，她便不起床，轻轻地哭一场。她不骂一个人，只哭她的丈夫，哭她自己苦命，留不住她丈夫来照管她。她先哭时，声音很低，渐渐哭出声来。我醒了起来劝她，她不肯住。这时候，我总听得见前堂（二嫂住前堂东房）或后堂（大嫂住后堂西房）有一扇房门开了，一个嫂子走出房向厨房走去。不多一会儿，那位嫂子来敲我们的房门了。我开了房门，她走进来，捧着一碗热茶，送到我母亲床前，劝她止哭，请她喝口热茶。我母亲慢慢停住哭声，伸手接了茶碗。那位嫂子站着劝一会儿，才退出去。没有一句话提到什么人，也没有一个字提到这十天半个月来的气脸，然而各人心里明白，泡茶进来的嫂子总是那十天半个月来闹气的人。奇怪得很，这一哭之后，至少有一两个月的太平清静日子。

我母亲待人最仁慈，最温和，从来没有一句伤人感情的话；但她有时候也很有刚气，不受一点人格上的侮辱。我家五叔是个无正业的人，有一天在烟馆里发牢骚，说我母亲家中有事总请某人帮忙，大概总有什么好处给他。这句话传到了我母亲耳朵里，她气得大哭，请了几位本家来，把五叔喊来，她当面质问他，她给了某人什么好处。直到五叔当众认错赔罪，她才罢休。

我在我母亲的教训之下度过了少年时代，受了她的极大极深的影响。我十四岁（其实只有十二岁零两三个月）便离开她了，在这广漠的人海里独自混了二十多年，没有一个人管束过我。如果我学得了一丝一毫的好脾气，如果我学得了一点点待人接物的和气，如果我能宽恕人、体谅人——我都得感谢我的慈母。

导读

胡适（1891—1962），思想家、文学家、哲学家。他宣扬个性解放、思想自由，倡导"白话文"，与陈独秀同为新文化运动的领袖。

《我的母亲》节选自《胡适自传》，讲的是胡适回忆自己的母亲冯顺弟。胡适的母亲虽然不会识文断字，却给予胡适最初的人生教育。胡适的父亲在胡适幼时便去世，胡适的母亲是慈母兼严父。当胡适犯错的时候，母亲从来不在别人面前骂他，而是在临睡前或第二天睡醒的时候进行教育。母亲对胡适的教育，并非是拿孩子出气，而是为了孩子健康成长。母亲在待人接物方面，以实际行动给胡适做了榜样。她待人仁慈而温和，愿意宽恕人、体谅人，尽自己的努力去操持大家族的生活，但不愿受到一点人格上的侮辱，是一位有自尊的女性。

合欢树①

史铁生 著

10岁那年，我在一次作文比赛中得了第一。母亲那时候还年轻，急着跟我说她自己，说她小时候的作文作得还要好，老师甚至不相信那么好的文章会是她写的。"老师找到家来问，是不是家里的大人帮了忙。我那时可能还不到10岁呢。"我听得扫兴，故意笑："可能？什么叫'可能还不到'？"她就解释。我装作根本不在意她的话，对着墙打乒乓球，把她气得够呛。不过我承认她聪明，承认她是世界上长得最好看的女的。那时，她正给自己做一条蓝底白花的裙子。

20岁时，我的两条腿残废了。除去给人家画彩蛋，我想我还应该再干点别的事，我先后改变了几次主意，最后想学写作。母亲那时已不年轻，为了我的腿，她头上开始有了白发。医院已明确表示，我的病目前没法治。母亲的全副心思却还放在给我治病上，她到处找大夫，打听偏方，花了很多钱。她倒总能找来些稀奇古怪的药，让我吃，让我喝，或

---

①选自《史铁生作品集》，中国社会科学出版社，2000年版。

是洗、敷、熏、灸。"别浪费时间啦，根本没用！"我说。我一心只想着写小说，仿佛那东西能把残疾人救出困境。"再试一回，不试你怎么知道会没用？"她每说一回都虔诚地抱着希望。然而对我的腿，有多少回希望就有多少回失望。最后一回，我的胯上被熏成烫伤。医院的大夫说，这实在太悬了，对于瘫痪病人，这差不多是要命的事。我倒没太害怕，心想死了也好，死了倒痛快。母亲惊惶了几个月，昼夜守着我，一换药就说："怎么会烫了呢？我一直在留神呀！"幸亏伤口好起来，不然她非疯了不可。

后来她发现我在写小说，就跟我说："那就好好写吧。"我听出来，她对治好我的腿也终于绝望。"我年轻的时候也喜欢文学，跟你现在差不多大的时候，我也想过搞写作。你小时候的作文不是得过第一吗？那就写着试试看。"她提醒我说。我们俩都尽力把我的腿忘掉。她到处去给我借书，顶着雨或冒着雪推我去看电影，像过去给我找大夫、打听偏方那样，抱了希望。

30岁时，我的第一篇小说发表了，母亲却已不在人世。过了几年，我的另一篇小说也获了奖，母亲却已离开我整整7年了。

获奖之后，登门采访的记者就多了起来。大家都好心好意，认为我不容易。但是我只准备了一套话，说来说去就觉得心烦。我摇着车躲了出去，坐在小公园安静的树林里，想：上帝为什么早早地召母亲回去呢？迷迷糊糊的，我听见回答："她心里太苦了。上帝看她受不住了，就召她回去。"我的心得到一点安慰，睁开眼睛，看见风正在树林里吹过。

我摇车离开那儿，在街上瞎逛，不想回家。

母亲去世后，我们搬了家。我很少再到母亲住过的那个小院子去。小院儿在一个大院儿的尽里头，我偶尔摇车到大院儿去坐坐，但不愿意去那个小院子，推说手摇车进去不方便。院子里的老太太们还都把我当儿孙看，尤其想到我又没了母亲，但都不说，光扯些闲话，怪我不常去。我坐在院子当中，喝东家的茶，吃西家的瓜。有一年，人们终于又提到母亲："到小院子去看看吧，你妈种的那棵合欢树今年开花了！"我心里一阵抖，还是推说手摇车进出太不易。大伙就不再说，忙扯到别的，说起我们原来住的房子里现在住了小两口，女的刚生了个儿子，孩子不哭不闹，光是瞪着眼睛看窗户上的树影儿。

我没料到那棵树还活着。那年，母亲到劳动局去给我找工作，回来时在路边挖了一棵刚出土的绿苗，以为是含羞草，种在花盆里，后来发现它竟是一棵合欢树。母亲从来喜欢那些东西，但当时心思全在别处，第二年合欢树没有发芽，母亲叹息了一回，还不舍得扔掉，依然让它留在瓦盆里。第三年，合欢树不但长出了叶子，而且还比较茂盛。母亲高兴了好多天，以为那是个好兆头，常去侍弄它，不敢太大意。又过了一年，她把合欢树移出盆，栽在窗前的地上，有时念叨，不知道这种树几年才开花。再过一年，我们搬了家，悲哀弄得我们都把那棵小树忘记了。

与其在街上瞎逛，我想，不如去看看那棵树吧。我也想再看看母亲住过的那间房。我老记着，那儿还有个刚来世上的孩子，不哭不闹，瞪着眼睛看树影儿。是那棵合欢树的影子吗？

院子里的老太太们还是那么喜欢我，东屋倒茶，西屋点烟，送到我跟前。大伙都知道我获奖的事，也许知道，但不觉得那很重要；还是都问我的腿，问我是否有了正式工作。这回，想摇车进小院儿真是不能了。家家门前的小厨房都扩大了，过道窄得一个人推自行车进去也要侧身。我问起那棵合欢树，大伙说，年年都开花，长得跟房子一样高了。这么说，我再也看不见它了。我要是求人背我去看，倒也不是不行。我挺后悔前两年没有自己摇车进去看看。

我摇车在街上慢慢走，不想急着回家。人有时候只想独自静静地待一会儿。悲伤也成享受。

　　有那么一天，那个孩子长大了。他会想起童年的事，会想起那些晃动的树影儿，会想起他自己的妈妈。他会跑去看看那棵树，但他不会知道那棵树是谁种的，是怎么种的。

导读

史铁生（1951—2010），作家、散文家。代表作有《我与地坛》《务虚笔记》《我的丁一之旅》等。

《合欢树》是史铁生怀念母亲的一篇散文。文章大致按照时间顺序，记述了史铁生与母亲的故事。他10岁时，在作文比赛中得了第一；他20岁时，双腿残废，谋划着学写作，母亲鼓励他；他在30岁那年发表第一篇小说时，母亲已经不在人世。合欢树是母亲在曾经住过的小院子里种下的，母亲精心照顾合欢树，就像精心照顾"我"一样，合欢树是母爱的象征。可惜，母亲未曾见过她亲手种下的合欢树开花，就像母亲未能见到"我"在文学创作上取得成就便离去。母亲去世后，"我"重回小院，获知昔日的小树早已开花，就像"我"已经获奖成名。"我"重新缅怀逝去的母亲，在回忆中重温母爱，感受到母爱的伟大和无私，使得"悲伤也成享受"。

儿　女[①]

朱自清　著

　　我现在已是五个儿女的父亲了。想起圣陶喜欢用的"蜗牛背了壳"的比喻，便觉得不自在。新近一位亲戚嘲笑我说，"要剥层皮呢！"更有些悚然了。十年前刚结婚的时候，在胡适之先生的《藏晖室札记》里，见过一条，说世界上有许多伟大的人物是不结婚的；文中并引培根的话，"有妻子者，其命定矣"。当时确吃了一惊，仿佛梦醒一般；但是家里已是不由分说给娶了媳妇，又有什么可说？现在是一个媳妇，跟着来了五个孩子；两个肩头上，加上这么重一副担子，真不知怎样走才好。"命定"是不用说了；从孩子们那一面说，他们该怎样长大，也正是可以忧虑的事。我是个彻头彻尾自私的人，做丈夫已是勉强，做父亲更是不成。自然，"子孙崇拜""儿童本位"的哲理或伦理，我也有些知道；既做着父亲，闭了眼抹杀孩子们的权利，知道是不行的。可惜这只是理论，实际上我是仍旧按照古老的传统，在野蛮地对付着，和普通

---

①选自《二十世纪中国散文大系》，河北教育出版社，2001年版。

的父亲一样。近来差不多是中年的人了，才渐渐觉得自己的残酷：想着孩子们受过的体罚和叱责，始终不能辩解——像抚摩着旧创痕那样，我的心酸溜溜的。有一回，读了有岛武郎《与幼小者》的译文，对那种伟大的、沉挚的态度，我竟流下泪来了。去年父亲来信，问起阿九，那时阿九还在白马湖呢；信上说，"我没有耽误你，你也不要耽误他才好。"我为这句话哭了一场；我为什么不像父亲的仁慈？我不该忘记，父亲怎样待我们来着！人性许真是二元的，我是这样地矛盾，我的心像钟摆似的来去。

你读过鲁迅先生的《幸福的家庭》吗？我的便是那一类的"幸福的家庭"！每天午饭和晚饭，就如两次潮水一般。先是孩子们你来他去地在厨房与饭间里查看，一面催我或妻发"开饭"的命令。急促繁碎的脚步，夹着笑和嚷，一阵阵袭来，直到命令发出为止。他们跑着喊着，将命令传给厨房里的用人，便立刻抢着回来搬凳子。于是这个说："我坐这儿！"那个说："大哥不让我！"大哥却说："小妹打我！"我给他们调解，说好话。但是他们有时候很固执，我有时候也不耐烦，这便用着叱责了；叱责还不行，不由自主地，我的沉重的手掌便到了他们身上。于是哭的哭，坐的坐，局面才算定了。接着可又你要大碗，他要小碗，你说红筷子好，他说黑筷子好；这个要干饭，那个要稀饭，要茶要汤，要鱼要肉，要豆腐，要萝卜；你说他菜多，他说你菜好。妻是照例安慰着他们，但这显然是太迂缓了。我是个暴躁的人，怎么等得及？不用说，用老法子将他们立刻征服了，虽然有哭的，不久也就抹着泪捧起碗了。吃完了，纷纷爬下凳子，桌上是饭粒呀，汤汁呀，骨头呀，渣滓呀，加上纵横的筷子，歪斜的匙子，就如一块花花绿绿的地图模型。吃饭之外，他们的大事便是游戏。游戏时，大的有大主意，小的有小主意，各自坚持不下，于是争执起来；或者大的欺负了小的，或者小的竟欺负了大的，被欺负的哭着嚷着，到我或妻的面前诉苦；我大抵仍旧要用老法子来判断的，但不理的时候也有。最为难的，是争夺玩具的时候：这一个的与那一个的是同样的东西，却偏要那一个的；而那一个便偏不答应。在这种情形之下，无论如何，最终是非哭了不可的。这些事件自然不至于天天全有，但大致总有好些起。我若坐在家里看书或写什么东西，管保一个钟点里要分几回心，或站起来一两次的。若是雨天或礼拜日，孩子们在家的多，那么，摊开书竟看不下一行，提起笔也写不出一个字的事，也有过的。我常和妻说："我们家真是成日的千军万马呀！"有时是不但"成日"，连夜里也有兵马在行进着，在有吃乳或生病的孩子的时候！

　　我结婚那一年，才十九岁。二十一岁，有了阿九；二十三岁，又有了阿菜。那时我正像一匹野马，哪能容忍这些累赘的鞍鞯、辔头和缰绳？摆脱也知是不行的，但不自觉地时时在摆脱着。现在回想起来，那些日子，真苦了这两个孩子；真是难以宽宥的种种暴行呢！阿九才两岁半的样子，我们住在杭州的学校里。不知怎地，这孩子特别爱哭，又特别怕生人。一不见了母亲，或来了客，就哇哇地哭起来了。学校里住着许多人，我不能让他扰着他们，而客人也总是常有的；我懊恼极了。有一回，特地骗出了妻，关了门，将他按在地下打了一顿。这件事，妻到现在说起来，还觉得有些不忍；她说我的手太辣了，到底还是两岁半的孩子！我近年常想着那时的光景，也觉黯然。阿菜在台州，才过了周岁，还不大会走路。也是为了缠着母亲的缘故吧，我将她紧紧地按在墙角里，让她直哭喊了三四分钟；因此生了好几天病。妻说，那时真寒心呢！但我的苦痛也是真的。我曾给圣陶写信，说孩子们的磨折，实在无法奈何；有时竟觉着还是自杀的好。这虽是气愤的话，但这样的心情，确也有过的。后来孩子是多起来了，磨折也磨折得久了，少年的锋棱渐渐地钝起来了；加以增长的年岁增长了理性的裁制力，我能够忍耐了——觉得从前真是一个"不成材的父亲"，如我给另一个朋友信里所说。但我的孩子们在幼小时，确比别人的特别不安静，我至今还觉如此。我想这大约还是由于我们抚育不得法；从前只一味地责备孩子，让他们代我们负起责任，却未免是可耻的残酷了！

正面意义的"幸福"，其实也未尝没有。正如谁所说，小的总是可爱，孩子们的小模样，小心眼儿，确有些叫人舍不得的。阿毛现在五个月了，你用手指去拨弄她的下巴，或向她做趣脸，她便会张开没牙的嘴咯咯地笑，笑得像一朵正开的花。她不愿在屋里待着；待久了，便大声儿嚷。妻常说："姑娘又要出去溜达了。"她说她像鸟儿般，每天总得到外面遛一些时候。润儿上个月刚过了三岁，笨得很，话还没有学好呢。他只能说三四个字的短语或句子，文法错误，发音模糊，又得费气力说出；我们老是要笑他的。他说"好"字，总变成"小"字；问他"好不好？"他便说"小"或"不小"。我们常常逗着他说这个字玩儿；他似乎有些觉得，近来偶然也能说出正确的"好"字了——特别是在我们故意说成"小"字的时候。他有一只搪瓷碗，是一毛来钱买的；买来时，老妈子教给他："这是一毛钱。"他便记"一毛"两个字，管那只碗叫"一毛"，有时竟省称为"毛"。这在新来的老妈子，是必须翻译了才懂的。他不好意思，或见着生客时，便咧着嘴痴笑；我们常用了土话，叫他作"呆瓜"。他是个小胖子，短短的腿，走起路来蹒跚可笑；若快走或跑，便更"好看"了。他有时学我，将两手叠在背后，一摇一摆的；那是他自己和我们都要乐的。他的大姊便是阿菜，已是七岁多了，在小学校里念着书。在饭桌上，定是啰啰嗦嗦地报告些同学或他们父母的事情；气喘喘地说着，不管你爱听不爱听。说完了总问我："爸爸认识吗？爸爸知道吗？"妻常禁止她吃饭时说话，所以她总是问我。她的问题真多：看电影便问电影里的是不是人？是不是真人？怎么不说话？看照相也是一样。不知谁告诉她，兵是要打人的。她回来便问，兵是人吗？为什么打人？近来大约听了先生的话，回来又问张作霖的兵是帮谁的？诸如此类的问题，每天断不了，常常闹得我不知怎样答才行。她和润儿在一处玩儿，一大一小，不很合适，老是吵着哭着。但合适的时候也有：譬如这个往床底下躲，那个便钻进去追着；这个钻出来，那个也跟着——从这个床到那个床，只听见笑着，嚷着，喘着，真如妻所说，像小狗似的。现在在京的，便只有这三个孩子；阿九和转儿是去年北来时，让母亲暂时带回扬州去了。

阿九是喜欢书的孩子。他爱看《水浒》《西游记》《三侠五义》《小朋友》等，没有事便捧着书坐着或躺着看。只不欢喜《红楼梦》，说是没有味儿。是的，《红楼梦》的味儿，一个十岁的孩子，哪里能领略呢？去年我们事实上只能带两个孩子来；因为他大些，而转儿是一直跟着祖母的，便在上海将他俩丢下。我清清楚楚记得分别的那一个早上，我领着阿九从二洋泾桥的旅馆出来，送他到母亲和转儿住着的亲戚家去。妻嘱咐说："买点吃的给他们吧。"我们走过四马路，到一家茶食铺里。阿九说要熏鱼，我给买了；又买了饼干，是给转儿的。便乘电车到海宁路。下车时，看着他的害怕与累赘，很觉恻然。到亲戚家，因为就要回旅馆收拾上船，只说了一两句话便出来；转儿望望我，没说什么，阿九是和祖母说什么去了。我回头看了他们一眼，硬着头皮走了。后来妻告诉我，阿九背地里向她说："我知道爸爸欢喜小妹，不带我上北京去。"其实这是冤枉的。他又曾和我们说："暑假时一定来接我啊！"我们当时答应着，但现在已是第二个暑假了，他们还在迢迢的扬州待着。他们是恨着我们呢，还是惦着我们呢？妻是一年来老放不下这两个，常常独自暗中流泪，但我有什么法子呢！想到"只为家贫成聚散"一句无名的诗，不禁有些凄然。转儿与我较生疏些。但去年离开白马湖时，她也曾用了生硬的扬州话（那时她还没有到过扬州呢）和那特别尖的小嗓子向着我嚷："我要到北京去。"她晓得什么北京，只跟着大孩子们说罢了；但当时听着、现在想着的我，却真是抱歉呢。这兄妹俩离开我，原是常事，离开母亲，虽也有过一回，这回可是太长了；小小的心儿，知道是怎样忍耐那寂寞来着！

我的朋友大概都是爱孩子的。少谷有一回写信责备我，说儿女的吵闹，也是很有趣的，何至可厌到如我所说；他说他真不解。子恺为他家华瞻写的文章，真是"蔼然仁者之言"。圣陶也常常为孩子操心：小学毕业了，到什么中学好呢？——这样的话，他和我说过两三回了。我对他们只有惭愧！可是近来我也渐渐觉得自己的责任。我想，第一该将孩子们团聚起来，其次便该给他们些力量。我亲眼见过一个爱儿女的人，因为不曾好好地教育他们，便将他们荒废了。他并不是溺爱，只是没有耐心去料理他们，他们便不能成才了。我想我若照现在这样下去，孩子们也便危险了。我得计划着，让他们渐渐知道怎样去做人才行。但是要不要他们像我自己呢？这一层，我在白马湖教初中学生时，也曾从师生的立场上问过丏尊，他毫不踌躇地说，"自然啰"。近来与平伯谈起教子，他却答得妙，"总不希望比自己坏啰"。是的，只要不"比自己坏"就行，"像"不"像"倒是不在乎的。职业、人生观等，还是由他们自己去定的好；自己顶可贵，只要指导、帮助他们去发展自己，便是极贤明的办法。

予同说，"我们得让子女在大学毕了业，才算尽了责任"。SK说，"不然，要看我们的经济，他们的材质与志愿；若是中学毕了业，不能或不愿升学，便去做别的事，譬如做工人吧，那也并非不行的"。自然，人的好坏与成败，也不尽靠学校教育；说是非大学毕业不可，也许只是我们的偏见。在这件事上，我现在毫不能有一定的主意；特别是这个变动不居的时代，知道将来怎样？好在孩子们还小，将来的事且等将来吧。目前所能做的，只是培养他们基本的力量——胸襟与眼光；孩子还是孩子们，自然说不上高的远的，慢慢从近处小处下手便了。这自然也只能先按照我自己的样子；"神而明之，存乎其人"。光辉也罢，倒霉也罢，平凡也罢，让他们各尽各的力去。我只希望如我所想的，从此好好地做一回父亲，便自称心满意。

1928年6月24日晚写毕，北京清华园。

导读

朱自清（1898—1948），散文家、诗人、学者。主要作品有《背影》《欧游杂记》《荷塘月色》等。

《儿女》是一篇抒情散文，谈的虽是家常琐事，却异常真诚，读来令人感动。作为五个儿女的父亲，朱自清的负担很重。在生活的重压下，他选择用传统的方式来教育孩子，"野蛮地对付着"，对他们进行了体罚和叱责。但是，朱自清的可贵之处在于，作为一位父亲，他善于反思自己，认为自己以前一味地责备孩子，是"可耻的残酷"。他对孩子的未来有责任，故而打算向丰子恺、叶圣陶等朋友学习，耐心地关心孩子的成长，指导和帮助他们去发展自己，其中最为重要的是培养他们"基本的力量"——胸襟与眼光。

文章通篇没有雕琢之迹，简洁的笔墨之间有一种自然的魅力。

你可听见沙漏的声音①

殷健灵　著

　　我从未听过沙漏的声音，但我知道，它一直在漏，一直在漏，犹如蚕食桑叶，沙沙，沙沙。

　　它好像幼芽钻出泥土时发出的一声轻微的欢呼，又好像枯叶从枝头坠落时，那忧郁而充满眷恋的叹息……

——题记

　　人的一生是怎样的？仿佛一首交响曲，经历序曲、缓板、快板、高潮，最终都要走向落幕。

　　当我出生时，她已年老。

　　我从未见过她年轻的模样，但我目睹了她漫长的年老的过程。从精神矍铄的老年初期，慢慢变得茫然、迟滞、退缩，几乎要变成她自己的影子。她的日子被无限地拉长，内容却空无一物，于是，她所有的日子都浓缩成一个字：等。

①选自殷健灵《爱——外婆和我》，新蕾出版社，2014年版。

她不再能主动地寻求什么，而只能等。

等待一顿可口的饭菜，等待一包松软的点心，等待早晨出门的家人早点返家，等待我——她最疼爱的外孙女将她干枯的手捧在掌心里，用我的温度暖一暖她。

她慢慢退回成一个小孩子，常常忘了年龄，又常常被自己很老很老的岁数吓一跳；她越来越思念早已逝去的曾外祖母，独自一人时，她轻唤：妈妈，你在哪里呢？我这才知道，她的生命已变得如孩童一般简单而清澈，不需要掩藏伪装，她可以无所顾忌地表达欢喜和怨艾，而你也能轻易地通过抚触与微笑达成她的愿望。

孤　漠

我要先睡了。

她说了一声，轻轻阖上自己的房门，把客厅里的电视声关在外面。这个时候，一般不到晚上七时半。她的房间朝北，不大，有她用了一辈子的红木大床，床头柜上的饼干桶里有没牙的嘴尚能咀嚼的法式小面包、旺旺小馒头。半夜醒来，她常常肚饿，就用它们来打发饥饿与寂寞。

我时常想象她的漫漫长夜。目送她走进房间，仿佛看见她走入深不可测的黑色巷道。一个人，缓缓摸索，寻找明亮的出口，直到曙光来临。她的长夜自然是辗转难眠的。人如果活得很老很老，上帝会慢慢剥夺她残存的活力，直到不能听、不能睡、不能吃、不能动、不能想……你目睹那个过程，从心痛不忍、难于接受到理所当然，偶尔心中泛起酸楚。

夜对她来说真的是长。一觉醒来，往往子夜刚过，她却并不知晓几时几分。她趿拉着拖鞋，在各个房间走动，厨房、浴室、阳台……她按动墙壁上的开关，啪嗒，啪嗒，一下，一下，又一下。偶尔，她借着射进屋内的月光爬上楼梯，来到我的卧室门前，轻轻转动门锁。这些声音或许细微，但在夜的衬托下，却异常清晰。常常地，就惊起了梦中人。我打开门，她站在门口，茫然无措地说一句：你爸妈他们呢？有时，就只是沉默地看你一眼，转身，慢慢下楼去。她用双手死死抓住扶手，抓得很紧，只听见她松弛的皮肤与木头之间胶着摩擦的声音，吱——吱——

终于是白天了。

她安静地站在窗口，或者坐在阳台上眺望远处。说"眺望"也许太奢侈，我们居住的地方已经少有眺望的空间。她的眼神穿过楼与楼的夹缝，望向远处的马路。梧桐树掩映下的马路，上面有车来车往。

"往东去的车子比往西去的车子多。"她有时自言自语，有时也对我说。

望累了，她低下头，微闭眼睛，进入她白天的梦。我想象她的梦，却全然无所得。那里，大概也是一片孤漠吧。

开　船

开船啰！

我从后面拦腰将外婆环抱住，起劲地却又小心地推她朝前走。她穿了厚厚的棉袄，从上到下一样粗。我仿佛抱了一个枕头，又安心又妥帖。

她呵呵地笑起来，小心，小心跌倒！嘴里却幸福地提醒着。

借了我的力，她挪动一双缠过足的脚，果真轻快了许多，步履也有了节奏。

小心，小心，要跌倒了！她笑着，步子又快了一些。

小时候，我也是这样跟在她后面跑吧。只是那时，她用不着我抱。她来火车站接我，提了我的行李袋，拼命挤上拥挤不堪的公交车，把我护在干瘪的胸前。

她那时就已经是个老太太了，却还是步履矫健。我跟在她身后，害羞地低着头，在邻居们的目光里走进弄堂深处。我恨不得快点逃离那些目光。

外孙女来啦？邻居阿婆道。

来了！她快活地答，声音又脆又亮。

我跟在她身后。在淡金色的余晖里，望见她年老却依然轻捷的背影，她的身体微微前倾，仿佛要努力去接近一个目标，宽松的黑色绸裤被穿堂风吹得瑟瑟抖动。她的手臂好长，而且有力，手中的行李似乎并没有拖累她的脚步。我需要小跑才跟得上她……

开船啰！

我从后面箍住外婆。轻轻推着她往前走。

她其实还不需要我推，她能走。只是，站起时，身体要打晃儿，好像一株根基松动的老树。她需要镇定片刻，似乎在思考该迈左脚还是右脚，方能郑重地移出一小步。走一段路，下一次楼，上一趟厕所，吃一顿米饭，在年轻人眼里理所当然的平常事，在她，都渐渐成了一件大事。

给我系一下围巾……

每天晨起，她都拿着那条黑底绿花的绸丝巾走到我或者母亲跟前。我或者母亲就会将那围巾在她脖子上绕上几圈，打上一个松松的结。

帮我解一下围巾，我解不了上面的结……

每天睡前，她都像个孩子一样，好像想起了重要的事情，从她的房间返身出来，走到我或者母亲跟前。我或者母亲就会不厌其烦地帮她解那个并不难解的结。

她享受着这个过程，享受女儿或者外孙女的手在她的颈间缠绕，那片刻含蓄的亲昵，那似有似无的搂抱……

她不知道，其实，我也好喜欢在后面抱住她，轻轻推着她走。

开船啰！

我看不见她皱缩的脸，看不见她混浊的眼睛。我只听见她的笑：要跌，要跌倒了哟！

导读

　　殷健灵，生于1971年，儿童文学作家。代表作品有《纸人》《野芒坡》《月亮茶馆里的童年》《爱——外婆和我》《访问童年》等。

　　《你可听见沙漏的声音》节选自《爱——外婆和我》，回忆了"我"与外婆之间的情感故事。当"我"出生时，外婆已年老，"我"愿用"我"的温度暖一暖她。"我"细腻地体察外婆的心态，理解她的感受，想象她是如何度过漫漫长夜，忍受着寂寞的煎熬。这种情感是如此地真实，如此地打动人心。"我"与外婆的情感是在漫长岁月中酝酿而成，小时候外婆保护着"我"，"我"跟在外婆的身后；长大之后，"我"是外婆的保护者，成为她强有力的支撑。这种情感是如此真挚，令人动容。

道德

　　每个人都希望自己生活在讲道德的社会中，希望自己做一个有道德的人。那么，究竟什么是道德呢？这是一种人们共同生活需要遵守的准则，用来规范自己的行为。

　　做一个有道德的人并不容易。但是，良好的习惯一旦养成，遵守道德也会带来快乐。所以，要从小养成好习惯，好习惯可以让别人更幸福，而坏习惯可能会给别人带来伤害。好心的猎人想给孙子猎一头小鹿，但他被伟大的母爱感动，放了小鹿一条生路，他是道德的。当一个孩子学会回报，他是道德的；当一个人愿意为祖国奉献自己，他是道德的。山羊为了追求自由而放弃生命，展示了高贵的品格，是道德的。背弃了自己的诺言，将救过自己性命的马儿撵走，这是没有道德的表现，既伤害了马，又破坏了自己的信誉。你看，做一个有道德的人是多么重要。

好心的猎人①

[俄罗斯] 马明·西比利雅克 著　黄衣青 译

一

　　在很远很远的乌拉尔山北部，在树林很多、没有路的僻地里，隐藏着一个叫蒂契基的小村庄。那儿一共有十一户人家，实际上只有十家，因为第十一户与其他人家完全是隔绝的，紧靠着树林。小村子的周围，常绿的针叶树像城墙锯齿那样耸立着。从那枞树干和杉树的顶上，能够眺望到几座高山，那些高山好像庞大的青灰色屏风，故意地从四面八方包围着蒂契基村。最靠近蒂契基村的，是伛背形的路乔佛山，这山带着灰白的、毛茸茸的山顶，遇到阴霾的天气，山顶就隐没在暗灰色的云雾里。

　　从路乔佛山上流出许多条小溪。有一条快乐地流向蒂契基村的小溪，不论冬季还是夏季，总是把像眼泪那样清澈的水供给这村子。

①选自《小天鹅》，少年儿童出版社，1956年版。

　　蒂契基村的小房子并不是有计划地造起来的，谁爱怎么造就怎么造。有两幢小房子紧靠在溪边，另一幢站在陡坡上，其他的小房子像羊群一样沿岸边分散着。

　　蒂契基村里，甚至连像样的街道都没有，在一幢幢小房子的中间，弯弯曲曲地践踏出几条小路。蒂契基村的村民们好像本来也不需要街道似的，因为街道上根本没有交通工具行驶。蒂契基村里的人没有大车。

　　夏天，这个村子常常被无法通行的沼泽、泥潭和密林包围着，所以只有沿着林中狭窄的小路步行，才能勉强通过，但这也不是每次都能成功的。下雨的时候，小溪汹涌地泛滥着，蒂契基村的村民们就需要等上两三天，等着这溪水退下去。

　　蒂契基村的村民都是高明的猎人。不管是夏天或者冬天，他们差不多都不离开树林。树林里一年四季都有猎物，冬天他们打熊、貂、狼、狐狸，秋天打松鼠，春天打野山羊，夏天打各种飞禽。总之，整年都有繁重危险的工作等待着他们。

　　在紧靠树林的那幢小房子里面，住着老猎人叶美利和他的小孙子格里苏克。

　　叶美利的房子好像完全埋在泥地里，只有一个窗户窥望着这世界；小房子的顶部已经坏了，烟囱只剩下一些塌下来的砖头。栅栏啦、大门啦、旁边的偏屋啦，这些在他的小房子里都是没有的。只有在那没有刨过的圆木台阶底下，夜里有一只饿得发慌的狗莱斯克吠着——它是蒂契基村最好的猎狗。每次在打猎的前两三天，叶美利因为要使它更好地找寻猎物和追赶野兽，总是用饥饿去折磨这条不幸的猎狗。

　　"爷爷……喂，爷爷……"有一天晚上，小格里苏克困难地发问，"这时鹿都带着小鹿一块儿出来吗，爷爷？"

　　"是带着小鹿一块儿出来的，格里苏克。"叶美利回答，他快编好一双新的草鞋了。

"那么，爷爷，要是您能够把小鹿弄来该多好……你说是吗？"

"慢着，我们准能把它弄来的……等到天热的时候，鹿带着小鹿到树林里躲避牛蛇时，格里苏克，我一定给你弄来！"

小孩子不作声了，只是难过地叹了口气。格里苏克只有五六岁光景，现在他在宽阔的木板床上，在那温暖的鹿皮上面，已经躺了一个多月了。早在春天融雪的时候，小孩子就受了寒，总是好不了。他那黝黑的小脸变得苍白了，瘦长了，眼睛变大了，鼻子也尖了。叶美利看到孙子不仅是一天一天瘦下去，而是一小时一小时地瘦下去；可是他不知道怎么能挽回这不幸的事情。叶美利给他喝了草药，带他去洗了两次澡，孩子并没有好起来。这孩子差不多什么也不吃，只啃些黑面包皮。春天留下了一些腌山羊肉，可是格里苏克连看都不愿意看一眼。

"嗯，他想要——小鹿……"老叶美利一边编织草鞋，一边想，"应该去给他弄来！"

叶美利已经七十来岁了，白发驼背，瘦瘦的身材，长着一双长手。他的手指很难弯曲，好像坚硬的树枝一样。但是他走起路来还很有精神，打起猎来多少也可以打到些东西。只是眼睛已经很不听使唤了，特别是在冬天，当雪花像金刚钻的粉末在四周闪烁发光的时候，他的视力就越发糟糕。因为他的眼睛不好，所以烟囱倒了，屋顶也坏了，一直没法修好，并且在别人都到森林中去打猎的时候，他常常独自坐在小房子里。

这本来应该是老头子在温暖的炕上休息的时候了，但是还有格里苏克在身边需要他照顾呢，而且没有人来代替他……三年前，格里苏克的爸爸害热病死了；妈妈呢，在一个冬天的晚上，当她带着小格里苏克从村子里回到自己的小房子时，被狼吃掉了。格里苏克却被某种奇迹救了性命。当狼啃着母亲的腿时，她用自己的身子护住了小孩儿，于是格里苏克才能够活下来。

老头子好不容易把他养大了，可是他又害病了。真是祸不单行呀……

二

快到七月底了，这是蒂契基村最热的时候。留在家里的只有老人和小孩儿。猎人们早就到林子里去猎鹿了。可怜的莱斯克在叶美利的小房子里，像冬季的狼一样饥饿地嗥叫三天了。

村里的女人们说："叶美利一定是准备去打猎了。"

这倒是真的。果然，叶美利从他的小房子里走出来，拿着火绳枪，解开了莱斯克，向树林里走去了。他穿着新草鞋，背着装粮食的布袋，披着破旧的外套，头上戴着暖和的鹿皮便帽。老头子早就不戴有边檐的帽子了，不管是冬天夏天，他出去总戴着鹿皮便帽，因为它冬暖夏凉，能够很好地保护他的秃顶。

"喂，格里苏克，我不在家时，你自己休息吧！……"叶美利临走时对孙子说，"我去猎鹿，玛拉雅大婶会来看你的。"

"你准会带小鹿回来吗，爷爷？"

"要带来的，我早就说过啦。"

"黄澄澄的吗？"

"黄澄澄的。"

"好，我等着你……你可小心，你打枪的时候别打错了……"

叶美利早就准备去猎鹿了，可是老舍不得丢下孙子一个人在家里，现在这孩子好像好些了，老头子就决定试试自己的运气，并且有玛拉雅大婶照料孩子，总比他独自躺在小屋子里要好些。

叶美利在树林里，就像在家里一样熟悉。他一辈子带着枪，带着狗，在树林里来来往往，这树林他怎么会不熟悉呢？在周围一百里内，一切小路，一切记号，老头子都是很熟悉的。

现在，七月快过完了，树林里特别美好：草丛中盛开着各种花，真是五彩缤纷，空气里弥漫着香草的奇异香味，夏天亲切的太阳在空中张望，把树林、青草、在香蒲里淙淙流着的小溪、遥远的山头照射得亮堂堂的。

对啦！周围十分美好，所以叶美利屡次停留下来，歇歇气，向远处眺望着。

他走的小路缠绕着好些大石头和陡峭的山谷，像蛇一样曲曲弯弯地通到山上。

高大的树木已经被砍掉了，但小路附近长着许多小白桦树、忍冬树、山梨树。它们像绿刷子一样在路的两旁生长着，快活地伸出手掌般的毛茸茸的嫩枝丫。

半山里有个地方能够看到远山和蒂契基村全部的景致。这村子完全隐没在山谷底部，从这里看起来，那些农舍只是些小小的黑点儿。叶美利遮住了耀眼的太阳光，长久地望着自己的房子，想念着小孙子。

叶美利说："喂！莱斯克，快找呀！"这时候，他们已经从山上下来，从小路转到繁茂的、密密的枞树林里去了。

对莱斯克是不需要发出第二遍命令的，它很懂得自己应该干些什么，所以它把尖鼻子触着地面，消失在浓密的绿色森林里了，只有背上黄色的小点子偶尔闪现着。

开始打猎了。

一棵棵枞树的尖树梢高耸入云，毛茸茸的树枝交叉着，在猎人的头顶上形成了密不透风的黑暗穹隆，只有几个地方太阳光快乐地张望着，像金黄斑点一样烙在淡黄色的苔藓上或者羊齿草的宽阔叶子上。在这种树林里，青草是不生长的，叶美利在柔软的淡黄色苔藓上行走着，好像在地毯上行走一样。

叶美利在这座树林里慢慢地走了几个钟头。莱斯克好像掉到水里去了似的毫无影踪，偶尔只听见在脚下有些树枝的折断声，或者是杂色的啄木鸟飞来的声音。叶美利仔细地察看着四周，看有没有留下什么痕迹，鹿有没有用角折断过树枝，苔藓上有没有留下分叉的蹄子，土堆上有没有被啃过的鲜草……

天黑了，叶美利觉得很疲倦，必须想想怎么过夜了。

他想："大概鹿被别的猎人吓跑了。"

可是这时传来了莱斯克微弱的尖叫声，前面还有树枝摩擦的声音。叶美利靠着枞树，小心等待着。

是鹿，真的是鹿！是角上有十个丫杈的美鹿，是这树林里最高贵的野兽！它仰头把像树枝般的角贴到背上，留神地倾听着，嗅着空气，准备在刹那间能够像闪电一般消失在绿色的密林里。

叶美利老头儿看到了那只鹿，但因为离它太远的缘故，子弹射不到。莱斯克躺在树丛里，屏息等待枪响：它听到了鹿的声音，嗅出了它的气味……

这时枪声响了，鹿像箭一样向前奔去了。叶美利的枪没有打中，莱斯克因饿得难受而哀号起来。可怜的狗，它仿佛已经闻到了烧鹿的气味，看到了引起食欲的肉骨头，那是它的主人丢给它的；可是，它的希望落了空，仍旧不得不饿着肚子躺下。这是多么不愉快的事情啊！

"唉！让它去散步吧！"到了晚上，叶美利坐在稠密的百年老枞树下的篝火旁时，就这么自言自语地说，"我们要弄到小鹿。莱斯克，听见了吗？"

狗只是悲哀地摇着尾巴，把尖尖的头夹在两条前腿的中间。今天，它好不容易才得到了一块干面包皮，那是叶美利丢给它的。

三

三天来，叶美利带着莱斯克在树林里走来走去，但一点儿收获都没有，鹿和小鹿都没有发现。

他觉得筋疲力尽了，可是却不想空着手回家去，莱斯克虽然猎到了一对小兔子，但也十分灰心，似乎饿得更瘦了。

在树林里的篝火旁边度过了第三个晚上，叶美利老头儿就是在睡梦里也常常看见那头黄澄澄的小鹿，这是格里苏克向他要求的。好多次侦察他的猎物，瞄准他的猎物，但鹿每次都在他面前跑掉了。莱斯克大概也梦见鹿了，因为有好几次它在睡梦中尖叫着，而且发出低沉的吠声。

到了第四天，猎人和狗已经一点儿力气都没有了，这时他们恰巧找到了母鹿和小鹿的踪迹。那是在浓密繁茂的枞树林的山坡上，莱斯克首先发现了鹿过夜的地方，后来又找到了草丛里杂乱的脚印。

"母鹿带着小鹿，"叶美利看着草丛里大大小小的蹄子印，想着，"今天早晨从这里走过……莱斯克，小乖乖，快去找呀！……"

天很热，太阳毫不留情地照射着。莱斯克伸出了长舌头，在灌木林和草丛里嗅着；叶美利困难地拖着双腿，听到了熟悉的树枝折断声和簌簌声……莱斯克马上躺到草里，不动了。叶美利的耳朵边，好像响着孙子的声音："爷爷，去猎小鹿来呀！而且一定要黄澄澄的。"那是鹿妈妈……美丽的母鹿。它停在树林边，害怕地向叶美利张望，一群嗡嗡叫的小虫子在它上面打转，使它发抖。

"不，你不要欺骗我。"叶美利想着，从埋伏的地方爬出来。

鹿早就觉察到有猎人，却勇敢地注视着他的行动。

"这是母鹿想把我的注意力从小鹿身上引开。"叶美利想着，反而追踪得更近了。

当叶美利想对鹿瞄准时，它小心地跑开了几丈远，又停下来。他重新带着枪爬近来，又慢慢地向它靠近，但当他刚要举枪射击的时候，鹿又隐没不见了。

"你引不开小鹿的。"叶美利嘟哝着说。他一连好几个钟头耐心地追踪着这野兽。

人和动物就这么斗争着，一直持续到晚上。这高贵的动物经过数次生命的冒险，努力想把老猎人从小鹿那儿引开，叶美利老头儿对他的猎物这种勇敢的精神感到又愤怒，又惊异。总之，它是准逃不掉的……有多少次他眼看着就要打死这头打算牺牲自己的母鹿了！

莱斯克像影子一样在主人后面爬着；当它的主人完全看不见鹿的时候，它就小心地用它灵敏的鼻子把鹿找出来。

老头子回头望望，便坐了下来。离他十丈远的地方，在那忍冬树的下面，站着一只黄色的小鹿，为了找到它，他们花了整整三天工夫。这是一只十分美丽的小鹿，生下来才几个星期，有嫩黄的绒毛和细长的脚，美丽的头向后仰着。当设法折取那高高的小树枝时，它竭力向前挪着细长的脖颈。老猎人怀着紧张的心情，拔上枪的扳机，对着那头小动物的头瞄准着……

只要刹那间——小鹿就将带着死前的痛苦叫声，倒在草地上了，但就在这一刹那，老猎人忽然想到那么勇敢地保护小鹿的母鹿，又想到格里苏克的母亲怎样用自己的身体从狼嘴里救下自己的孩子……老叶美利心里感到很乱，于是放下了枪。小鹿依然在灌木丛边走着，啃着树叶，倾听着细微的响声。他很快地站起身来，吹响口哨——小动物快得像闪电一样，逃到灌木丛里去了。

"哟，多快……"老头子一边说，一边沉思地微笑着，"一眨眼！像箭一样……跑掉了，莱斯克，我们的那头小鹿！喂，它逃走了，它还要长大的……嗯，你很灵巧！……"

老头子站在那儿好半天，总是微笑地回想着逃跑的小鹿。

第二天，叶美利走进自己的房子。

"喂，爷爷！带小鹿来了吗？"格里苏克问着，他心急地等了好久了。

"没有，格里苏克……可是我看见它了……"

"黄澄澄的？"

"正是黄澄澄的，但嘴巴是黑色的。它站在灌木丛底下，啃着树叶。我瞄准了……"

"没打中吗？"

"没有，格里苏克，我可怜那只小野兽！……可怜它的妈妈。我吹着口哨，它，那只小鹿，飞跑到森林里去了……跑得真快，这顽皮的小东西……"

老头子好半天都在对孙子叙述着这个故事，说他怎样在树林子里，花了三天工夫找那只小鹿，后来又怎样让它逃跑了。

小孩子一边倾听着，一边跟老祖父一起快乐地笑着。

"我给你带来了一只雉鸡，格里苏克，"叶美利讲完了故事，又加上这么一句，"它迟早会被狼吃掉的。"

雉鸡被拔光了毛，放在锅子里。害病的孩子，怀着满足的心情喝着雉鸡汤，要睡觉的时候，他又问了老祖父好几次："它真的逃跑了，那只小鹿？"

"逃跑啦，格里苏克……"

"黄澄澄的？"

"是黄澄澄的，只有嘴巴和蹄子带些黑色。"

整夜，男孩在睡梦里一直看见那只黄澄澄的小鹿，它跟它的妈妈快活地在树林里散步。睡在炕上的老头子在梦里也带着微笑。

导读

　　这是一篇俄罗斯儿童小说。故事发生在老猎人叶美利和他的小孙子格里苏克之间。生病的孩子想要一头小鹿，心疼他的爷爷打算满足孩子的愿望。

　　当老猎人带着猎狗莱斯克前往森林的时候，他决心为心爱的小孙子猎一头黄澄澄的小鹿。经历了艰难的寻找，老猎人终于发现了鹿，是鹿妈妈带着它的小鹿。母鹿不断地将注意力吸引到自己身上，它想拯救它的孩子！这种勇敢的精神，这种伟大的母爱，让老猎人感到震惊，他想到了小孙子格里苏克的母亲。格里苏克的母亲为了保护自己的孩子不被狼吃掉，献出了自己的生命。人类的母爱与动物的母爱是一样的伟大，老猎人不忍心开枪了，他放了母鹿和小鹿一条生路。

　　焦急等待小鹿的格里苏克并没有因为爷爷没有带回小鹿而感到悲伤，他和爷爷都希望小鹿能跟着妈妈快活地生活在森林中。他们都是好心人。

一块烫石头①

［苏联］盖达尔 著　任溶溶 译

1

村里有个孤老头。他的身体很坏很坏，靠编篮子啊，缝毡靴啊，看守农庄果园不让孩子进去啊过日子。

很久以前，他从老远什么地方到这村里来，可大家一眼就看到，他吃够了苦。他瘸着腿，头发过早地白了，还有道弯弯的深疤打腮帮一直通过了嘴唇。这一来，就算是笑吧，他那张脸看上去也像是很悲伤，像是凶巴巴的。

2

有一回，一个叫小伊凡的孩子爬进农庄果园，想偷苹果好好吃个

①选自《一块烫石头》，少年儿童出版社，1953年版。

饱。没想到，裤脚在围墙钉子上一挂，扑通！他落到下面带刺的醋栗丛里了。他被刺得浑身是伤，哇哇大哭，好，这一下就给看守人抓住了。

还用说，老头儿满可以拿荨麻抽他，甚至拖他到学校去告状。

可老头儿可怜小伊凡。小伊凡两只手都被刺伤了，裤腿撕破，一条破布片挂在屁股后面，像条羊尾巴，通红的脸颊上扑簌扑簌地淌着眼泪。

老头儿一声不响，把吓破了胆的小伊凡从园子门带出去，放他走了，甭说没打他一下，甚至没有在背后说他一句。

3

小伊凡又羞又恼，溜进林子，走着走着迷了路，到了一片沼地那儿。他累坏了，看见青苔中间露出一块浅蓝色的石头，就往石头上一坐。可他马上哎哟一声跳得老高，因为他觉得就像坐在一只野蜂上面，野蜂打裤子后面那个窟窿狠狠地蜇了他的屁股。

可他回头一看，石头上根本没有野蜂。是石头烫得像煤块似的。石头平面上还露出些字，给泥糊住了。

没说的，这是块魔石头——小伊凡马上猜着了！他踢下一只鞋子，拿鞋后跟赶紧去擦掉石碑上的泥。

他于是读到这样的碑文：

谁把这块石头搬到山上打碎，他就能返老还童，从头活起。

碑文后面还有个图章，不是普普通通的圆图章，像村苏维埃盖的；也不是三角图章，像合作社发票上盖的。这图章要复杂得多，有两个十字，三条尾巴，一个圈圈加一竖，还有四个逗号。

小伊凡读了碑文，觉得很不痛快。他才八岁，虚岁九岁。要是从头活起，他一年级就得再念一年，这他想都不敢想。

这块石头要是能让他不用念学校里的功课，一下子就从一年级跳到三年级，那又另当别论了！

可大家有数，即使是神通最广大的魔石，也从来没有这种法力。

4

愁眉苦脸的小伊凡打果园经过，又看到了那老头儿，只见他咳嗽着，老停下来喘气，手里提着桶石灰浆，肩膀上捎着把树皮丝刷子。

小伊凡这孩子本心挺好，他心里就想："瞧这个人吧，他本来可以随便用荨麻打我。可他可怜我，没有打。现在让我也可怜可怜他，叫他返老还童吧，这样他就不再咳嗽，不再瘸腿，呼吸也不再那么困难了。"

好心的小伊凡于是怀着一番好意，来到老头儿面前，开门见山，把事情一五一十告诉了他。老头儿好好地谢过小伊凡，可是不肯离开职守上沼地去，因为世界上这种人还是有的——趁这个机会溜进果园，把水果偷得一个不剩。

老头儿叫小伊凡自己到沼地上去，把石头挖出来，搬到山上去。他待会儿上那儿，马上拿样什么东西把石头敲开。

事情闹成这样，叫小伊凡很不高兴。

可他没有拒绝，他不想让老头儿生气。第二天早晨，小伊凡拿起厚麻袋，带了双粗麻布手套（为了不让手给石头烫伤），就上沼地去了。

5

小伊凡弄得浑身是泥，一塌糊涂，好不容易才把石头从沼地里挖了出来。接着他就吐出舌头，在山脚的干草上一躺。

他心里说:"好吧!我把这石头推到山上去,等会儿瘸腿老头儿来了,就敲碎石头,返老还童,从头活起了。大伙儿都说他一辈子吃够了苦。他年纪大了,孤单单的,挨过打,遍体鳞伤,不用说,从来没有得到过幸福。别人却得到过。"他小伊凡虽然小,这种幸福倒也是得到过三次。一次是他上学要迟到了,一位素不相识的司机用闪闪发亮的小汽车把他从农庄养马场一直送到学校门口。一次是春天里,他赤手空拳在沟里捉到条大梭鱼。还有一次是米特罗方叔叔带他进城过了一个快活的五一节。

小伊凡慷慨大方地拿定了主意:"好,就让这位不幸的老头儿过一下好日子吧。"

他想到这里,站起身子,耐心地把那块石头推到山上去。

6

太阳快下山了,老头儿才上山向小伊凡走过来。这时小伊凡已经筋疲力尽,浑身发抖,蜷成一团,在烫石头旁边烤他又脏又湿的衣服。

"老爷爷,你怎么不带锤子、斧子、铁棍啊?"小伊凡惊奇地叫起来,"难道你想用手把石头砸碎吗?"

"不,小伊凡,"老头儿回答说,"我不想用手把石头砸碎。我根本就不想砸碎它,因为我不想从头活起。"

老头儿说着,走到惊奇的小伊凡身边,摸摸他的头。小伊凡感觉到老头儿沉重的手掌在哆嗦。

老头儿对小伊凡说:"当然,你准以为我老了,瘸着腿,残废了,很不幸。其实我是天底下最幸福的人。

"我这条腿是给一根木头咔嚓一下压断的,可那时候我们是在推倒围墙——唉,还没经验,笨手笨脚的——正在构筑街垒,举行起义,要推翻你只在画片上看到过的沙皇。

"我的牙给打落了，可那时候我们被投入了监狱，齐声歌唱革命歌曲。我的脸也在战斗中被马刀劈伤，可那时候最早的人民团队已经把白匪打败，并且把他们击溃了。

"我害了伤寒病，待在又矮又冷的板棚里，躺在干草上翻来覆去折腾，说着胡话。可有一件事比死更可怕，就是我听说我们的国家遭到包围，敌人的军队要战胜我们。然而，我在重新闪耀的太阳的第一道光芒中清醒过来，我知道了，敌人又被击溃。我们又进攻啦！

"我们这些幸福的人相互从一张病床向另一张病床伸出了瘦骨嶙峋的手，当时胆怯地幻想着，即使不在我们生前也在我们死后，我们的国家将变得像今天这样的强大。傻伊凡，这还不是幸福吗？我为什么要另一次生命，要另一个青年时代呢？我曾经是过得很苦，可我过得光明正大！"

老头儿说到这里停下来，拿出烟斗来抽。"对的，老爷爷！"小伊凡听了轻轻地说，"既然这样，这块石头本可以安安静静地躺在它那片沼地上，我干吗费劲地把它搬到山上来呢？"

老头儿说："让它给大家看到，小伊凡，你看看以后会怎么样吧。"

7

许多年过去了，那块石头依然在那山上，原封不动，没给砸碎。

不少人在它旁边经过，走过来看看它，想了想，摇摇头，又走了。

我有一回也到过那山上。当时我正心中有病，情绪很坏。我想："怎么样，让我把石头砸碎，从头活起吧！"

可是我站着站着，又改变了主意。

　　我想，邻居们看见我返老还童，就会说："哈哈，瞧这小傻瓜！他显然没能把一辈子像样地过好，得不到自己的幸福，如今又想从头再来一次了。"

　　我捻了根烟卷，为了不浪费火柴，就着烫石头点着了。接着我沿着我自己的路，走掉了。

导读

　　盖达尔（1904—1941），苏联儿童文学作家。代表作品有《学校》《远方》《鼓手的遭遇》《蓝色的杯子》等。

　　《一块烫石头》是一个有启发意义的故事。故事发生在一个叫作伊凡的小男孩与一个孤老头儿之间。小伊凡去果园偷果子，孤老头儿本来可以用荨麻打他，却好心地放走了他。小伊凡为了回报孤老头儿，愿意把他发现的一块发烫的魔法石头献给他，让他可以返老还童，过上好日子。老头儿拒绝了伊凡的建议，并向他解释了原因。原来，老头儿是参加过革命战争的战士，他的伤病都是战争留下的痕迹。他和他的伙伴们一起推翻了沙俄的统治，建立起了新的国家，他认为自己是幸福的。

　　老头儿让小伊凡把石头搬到山上，路过的人都没有敲碎它。这块发烫的石头似乎在无声地提醒人们：好好珍惜眼下的幸福生活吧。

塞根先生的山羊①

[法] 都德 著　倪维中、王晔 译

　　塞根先生的运气可真不好，他养的那几只山羊都丢了。这些羊是一只一只地丢的，可是丢的情况却完全一样：早上，山羊把脖子上的绳子弄断，然后跑到高高的山顶上去，在那儿被狼吃掉了。尽管山上的狼是那么地可怕，主人是那么细心地照料它们，可这些羊还是逃走了，大概是因为它们爱大自然，它们爱自由。为了这个，它们是不惜任何代价的。

　　塞根先生是一个正直的人。可是他一点儿也不了解这些山羊的脾气。所以他着急地说："唉！真糟，这些羊在我家里待腻了。我是一只也养不住的。"

　　但是，他并不灰心。当他在同样情况下，丢了六只山羊以后，他又买了第七只。这一次，他买的是刚出生的小羊羔。因为他想，如果羊从小就习惯在他家里生活的话，也许它就不会跑掉了。

---

①选自《世界童话名著文库5》，新蕾出版社，1989年版。

这只小羊长得多漂亮啊！你看，它的眼睛是那么地温柔，蹄子又黑又亮，头上两个犄角还带着花纹，再加上那一撮小胡子，可真是神气极了。它的毛又白又长，好像穿着一件皮外套。这只小羊不但漂亮，而且很听话。主人挤奶的时候，它一动也不动，从来也没有踢翻过盛奶的小盆子。它是多么讨人喜欢啊！

塞根先生家的后院有一个小园子，周围种满了山楂树。塞根先生在这儿找了一块草长得最好的地方，钉上一根木桩子，然后把小山羊拴在了木桩子上。绳子留得长长的，让小羊可以在很大的地方散步。他还不时过来看看小羊生活得怎么样。看来，小山羊的日子过得很幸福，它安闲地吃着草，塞根先生这一次真是得意极了。他说："这一次可好了，终于有一只羊在我家里待住了！"

塞根先生想错了，他的第七只小羊又觉得烦闷了。

有一天，小羊看着高高的大山，自言自语地说："待在那山顶上该有多好啊！要是没有脖子上的这根该死的绳子，我就可以到山上的小树林里去跑啊，跳啊，那该多么好玩啊！把驴和牛拴在这个园子里吃草还可以，可这对山羊是不行的，它们要到更广阔的地方去。"

从这时候起，小山羊觉得园子里的草再也没有味道了。它的头总是朝大山那边望着，可是脖子上的那根绳子却一天到晚地拽住了它，它只好张开鼻孔咩咩地叫。看到这情况，真是有点儿叫人可怜呢！塞根先生发现他的羊有点儿不对头，可是不知道它究竟出了什么事。一天早上，他刚挤完奶，小山羊回过头来用羊的语言对他说："塞根先生，你听着，我在你家里待不下去了。我越来越瘦了。你让我到山上去吧！"

"啊！上帝，它也是这个样啊！"塞根先生听了这话又惊又怕。过了一会儿，他坐在草地上，坐在小山羊的旁边。

"你怎么了，布朗盖特，你想离开我吗？"

"是的，塞根先生。"小羊布朗盖特回答。

"你觉得这儿的草不够吃吗？"

"不是的，塞根先生。"

"是不是你嫌拴在脖子上的绳子太短了？我给你再放长一点儿好吗？"

"不用了，塞根先生。"

"那么你要什么呢？你想怎么样呢？"

"我想到山上去，塞根先生。"

"可是，你难道不知道山上有狼吗？要是它来了，你怎么办呢？"

"要是狼来了，我就用犄角顶它几下子。"

"狼是看不起你的犄角的。它吃过很多母山羊。那些羊的犄角比你的要厉害多了。你不是知道老山羊赫纳德吗？它去年还在这里。它又结实又凶狠，简直像一只公羊一样。那一次，它和狼斗了一整夜，可是到了早上，狼还是把它吃掉了。"

"唉！可怜的赫纳德……不过，没有关系，塞根先生，还是让我到山上去吧！"

"天哪！对这些羊，怎么办才好呢？狼又要吃掉我的一只羊了……不，不，尽管你这小东西不愿意，我还是要救你的。我怕你把绳子弄断了，我索性把你关在羊圈里。这样你就跑不了啦。"

塞根先生把羊带到圈里，然后把门锁好。可是，不幸得很，他忘了关窗户。等他刚一转过身去，小山羊就从窗户里逃走了……

小山羊布朗盖特来到了山上，它简直高兴极了。一切都是那么新奇：它从来没有看见过老松树这么漂亮。大家像接待王后一样接待它：高大的栗树弯下腰来，用树枝轻轻地抚摩着它；黄色的金雀花瓣都张开了，散出了阵阵清香……整个山上都像过节一样地欢迎小山羊。再也没有绳子，再也没有木桩，再也没有任何东西妨碍它了。小山羊尽情地跑啊，跳啊，尽情地吃着山上的青草……啊！那边还有更好的草，简直有一千种。那草长得真高，和小羊的犄角一般高，又细又嫩又新鲜，这和塞根先生园子里的草完全不一样。你看！那边还有花儿：这是又高又大的蓝色桔梗花，那是紫色的毛地黄……在这一片花的海洋里，每一种都饱含着醉人的花汁。

小山羊真的沉醉了。它四脚朝天地躺在草地上，落下来的树叶和栗子在山坡上铺了厚厚的一层。小山羊沿着山坡打滚儿，多么舒服啊！突然，它一跳又站了起来，伸着头向前跑去。它穿过灌木林，穿过小树丛，一会儿跑到山尖儿上，一会儿又跳到深沟里，一会儿上，一会儿下，到处跑，到处跳……你大概会觉得，这山里至少有十只塞根先生的山羊呢！

小布朗盖特，它一点儿也不知道害怕！

它穿过一条流得很急的小溪的时候，用力一跳，脚下溅起很多尘土和水花儿，把它的身上都弄湿了。小山羊找到一块又平又光滑的大石头，躺在上边晒太阳……它一会儿又跑到半山腰的一块平地上散步，自由自在的，嘴里还叼着一片金雀花的叶子……突然，它远远地看见山下的平原上有一间房子，后边还有一个小园子。啊！那不是塞根先生的家吗？这时候，小山羊觉得那房子和园子是那么可笑，它大笑起来，连眼泪都笑出来了。它想："你看，他的家原来那么小啊！以前我怎么会在那里边待着呢！"

可怜的小家伙，你忘了你是站在这么高的地方往下看呀！可是小山羊呢，这时候觉得自己至少也和世界一样大了。

总的来说，这一上午过得太好了。到了中午的时候，小山羊遇到了一群羚羊。它们正在用那尖利的牙齿吃着野葡萄藤。穿着白裙子的小山羊有点儿馋了，于是这些友好的羚羊就把最好的那一部分送给它吃。

突然，吹来了一阵凉风，山都变成了玫瑰紫色。啊！是傍晚的时候到了。

"难道一天已经过完了？"小山羊惊奇极了，它不再跑了，停了下来。

山下的田野已隐没在薄雾之中。塞根先生的小园子在雾里消失了。只见在那小小的房子顶上飘着一缕缕炊烟。小山羊听见叮叮当当的铃声，牧人赶着牲口群回家去了。小山羊忽然觉得寂寞和难过起来……一只老鹰飞来，翅膀从小山羊身上轻轻擦过去，小山羊害怕了……"嗷呜！嗷呜！"深山里传来了长长的吼叫声。

小山羊突然想到了狼。这一整天，它都没有想到过这件事啊！这时候，山下响起了号角声。这是塞根先生吹的。他在召唤小山羊回家去呢！

"嗷呜——"狼又叫了……

塞根先生的号角像是在对小山羊说："快回来呀！快回来呀！……"

布朗盖特本来是想回去的。可是一想到那木桩子和拴在脖子上的绳子，一想到园子边上的篱笆……它再也不愿回去过那不自由的生活了，它宁愿留在这大山上。

号角不再响了。

小山羊听见身后的叶子沙沙地响，转身一看，树影下边有两只又直又短的耳朵，还有两只闪闪发亮的眼睛……这不正是狼吗！

狼一动不动地坐在地上，两只眼睛盯着小山羊，好像正在品尝羊肉的味道。它大约是知道一定可以吃到小山羊的，所以一点儿也不着急。等小山羊一转身的时候，大狼狡猾地笑了起来："哈哈……塞根先生的小山羊！"说着，伸出那又红又粗的舌头舔起嘴唇来。

布朗盖特觉得一切都完了……可是这时候，它一下子想起了老山羊赫纳德的故事。那只老母羊跟狼苦斗了一整夜，最后到了早上才叫狼给吃掉，而不是马上被吃掉。布朗盖特觉得可能叫狼马上吃掉更好一些……可是，它立刻又改变了主意。小山羊开始自卫了，它把头低下，两个犄角朝前竖着，准备战斗。这才像塞根先生的勇敢的山羊呢！它倒不是希望顶死那只狼——羊是不杀狼的。它只是想试试，能不能跟赫纳德坚持一样长的时间……

　　时间一分一秒地过去了。小山羊一直用它的犄角在战斗。啊！勇敢的小羊！有好几十次，它把狼逼得不得不往后退去喘口气。而就在这休战的短短的一刹那，贪吃的小山羊赶紧回过头去吃一口那鲜嫩可口的青草，然后马上回过头来，嘴里塞得满满的，又重新开始战斗了……就这样，它熬过了一整夜。小山羊还不时地抬起头来，看看那些在晴朗的夜空中颤动的小星星，然后，自言自语地说："只要我坚持到天亮就行了……"

　　小星星一颗一颗地消失了。布朗盖特加倍地鼓起勇气，一下一下地顶过去，狼张着嘴，用牙齿一下一下地搏斗着……地平线上出现了一缕光辉，村庄里传来了公鸡的啼鸣。

　　"结束吧！"可怜的小山羊说。它不想等到天大亮再去死了。于是，它躺倒在地上，那美丽的白外套上染着斑斑血迹……

　　这时候，狼扑过来，把小山羊给吃掉了。

导读

　　都德（1840—1897），法国作家。代表作品有《小东西》《达拉斯贡城的达达兰》《柏林之围》《最后一课》等。

　　《塞根先生的山羊》是一篇以山羊为主角的童话。山羊是一种热爱大自然、热爱自由的动物，它们愿意为此付出任何代价。塞根先生已经丢失了六只山羊，都是同样的理由。于是，他又养了第七只。小羊羔布朗盖特在他家的小园子里长大，但是它也同样渴望去山上体验自由的感觉。即便塞根先生用老山羊赫纳德与狼搏斗的故事来提醒它山上可能有危险，可布朗盖特还是逃走了。它终于体会到自由的感觉，也遇见了可怕的狼。它勇敢地用犄角与狼进行战斗，从夜幕降临坚持到第二天早上。

　　这只小羊会后悔自己的选择吗？我想，它是不会的。为了自由，它宁愿放弃舒适安逸的羊圈生活，甚至宁愿放弃自己的生命。

瞎 马①

[俄罗斯]乌申斯基 著　王汶 译

　　很久很久以前,世界上不仅还没有我们,而且还没有我们的祖父辈和曾祖父辈,海边有个富裕的斯拉夫商业城市——威涅塔城。这座城里有个名叫杨样有的富商,他家的大船经常载着贵重的货物,航行到遥远的海洋里去。

　　杨样有非常有钱,过着奢侈的生活;也许他之所以被称作杨样有,或样样有,就是因为他家里拥有当时可以找到的一切一切好东西,一切一切贵重东西;主人、女主人和孩子们吃饭是用金银餐具,穿的是貂皮和锦缎的衣裳。

　　在杨样有的马厩里,有许多好马。但是无论是在杨样有的马厩里,还是在威涅塔全城,都没有任何一匹骏马比追风跑得更快,也没有任何一匹骏马比追风更漂亮——追风,是杨样有为他骑的一匹爱马取的名字,因为它跑得特别快。除了主人自己以外,谁也不敢骑追风;而主人

---

①选自《世界著名童话鉴赏辞典》,海潮出版社,1993年版。

只骑追风，从来不骑别的马。

　　有一回，商人出门做买卖，当他回到威涅塔城的时候，不得不骑着爱马，穿过一座又大又黑的森林。时间已是傍晚，森林里的树木很密，真是漆黑一片，风摇晃着阴森森的松树的树梢；商人独自一人，爱马已经跑了很远的路，很累了，为了爱护它，商人让它一步一步慢慢往前走着。

　　忽然，从灌木丛后面，就像从地下钻出来似的，跳出六个膀大腰粗的壮汉子，头戴皮帽，满脸凶相，手拿长矛、板斧和尖刀；三个人骑马，三个人步行。两个强盗一下子抓住了商人胯下的马的笼头。

　　假使富有的杨样有骑的是别的马，而不是追风的话，他就再也见不到他的故乡威涅塔城了。追风感觉出抓住笼头的是陌生人的手，立刻往前一冲，用宽阔有力的胸脯，把两个抓住它笼头的鲁莽坏蛋撞倒在地，又从第三个坏蛋身上踩了过去——这人挥舞着长矛，跑到马前，想挡住它的去路——追风像一阵旋风似的飞奔起来。三个骑马的强盗，跟在后面猛追；他们骑的也是好马，但是他们怎么追得上杨样有的马呢？

　　追风虽然已经很疲乏，但是它感觉后面有人追赶，便像一支满弓射出的箭似的飞奔，把气得发狂的坏蛋远远落在后面。

　　半个小时后，杨样有已经骑着追风回到老家威涅塔城。这时，追风身上的汗黏成了泡沫，一串串地往地下掉。

　　追风累得两肋高高地耸起。商人下马后，拍着追风那汗出如泡沫的脖子，庄严地许下了愿，说不论将来怎样，他永远也不卖掉它，也不把它送给任何人；不论它老成什么样子，也不撵走它，保证每天喂它三俄斗上好的燕麦，一直喂到它死的那一天。

　　但是，因为杨样有急着到妻子儿女身边去，没有亲自照看追风，懒惰的雇工没有把疲惫不堪的马先牵出去好好遛一遍，没等它身上的汗完全落了，就过早地给它喝了水。

　　打那一天起，追风就病了。它日渐消瘦，腿脚无力，最后就瞎了。商人非常难过，有半年工夫，他忠实地遵守自己的诺言：瞎马和以前一样站在马厩里，主人每天喂它三俄斗燕麦。

　　后来，杨样有又给自己买了一匹马。半年后，他开始觉得，每天喂一匹毫无用处的瞎马三俄斗燕麦，太不合算，于是他下令改为每天喂追风两俄斗燕麦。又过了半年，瞎马还年轻，还需要喂很多年，因此改为喂它一俄斗燕麦。最后，连这样做，商人都感到心疼了，他下令取下追风的笼头，把它撵出大门，免得它在马厩里白占一块地方。瞎马怎么也不肯走，结果工人们用棍子把它从院子里打了出去。

　　可怜的瞎眼的追风，不懂得别人要拿它怎样，不知道，也看不见往哪儿走，只好站在大门外，耷拉着脑袋，伤心地抖动着耳朵。黑夜来临了，飘起了雪花，可怜的瞎马不能睡在石头地上，那太硬太冷了，于是只好在一个地方站了几个钟头。但是后来，饥饿迫使它去寻找食物。它仰起头，在空中闻着，看什么地方能碰上哪怕一小把从破旧的屋顶上掉下来的稻草。瞎马一步一拖地慢慢走着碰运气，不断地一会儿撞在房角上，一会儿又撞在棚栏上。

　　你们要知道，在威涅塔城，就像在所有的斯拉夫古老城市里那样，没有王公，市民是自己管理自己的，需要解决某件大事的时候，他们就聚集在广场上开会。这种为了解决个人问题、为了评判某件事和审判某个案子而开的群众大会，叫作市民会议。威涅塔市中心有个广场，市民会议就在那里召开。广场上有四根柱子，柱子上吊着一口大钟，这口大钟一敲响，市民就集合到这里来。谁认为自己受委屈了，要求大家审判和保护，都可以敲这口钟。当然，谁也不敢为了一点鸡毛蒜皮的小事来敲钟，因为知道，那样将受到处罚。

　　又瞎、又聋、又饿的追风在广场上慢慢走着，无意撞在吊着钟的柱子上。它以为能从屋檐下揪下一束稻草，便用牙咬住拴在钟锤上的绳子，揪了起来。钟被它敲响了，响声那样大。虽然时间还早，市民们也成群地涌到广场上，想知道，是谁这样热切地要求市民会议审判和保护。威涅塔城里所有的人都认识追风，都知道它救过主人的性命，知道它主人许下的诺言。因此，当大家看到这匹不幸的马又瞎、又饿，冻得发抖，身上落满了雪花，站在广场中间时，都惊讶不已。

真相很快就搞明白了，当市民们得知，富有的杨样有把救过他性命的瞎马从家里赶了出来时，一致认为追风有权敲响市民会议的大钟。

市民们将忘恩负义的商人叫到广场上来，不管他怎样为自己辩护，大家命他照以前那样喂养那匹马，一直喂到它死，还特别派了一个人去监督判决的执行情况，而且把判词刻在一块石头上，用来纪念这件发生在市民会议广场上的事……

导读

　　《瞎马》是一个颇有教育意义的童话故事。一匹名为追风的马救了主人的性命，主人向它许下了诺言，永远不撵走它，保证每天喂它三俄斗燕麦。但是，当追风因病变成了一匹瞎马之后，主人却无法忠诚地遵守自己的诺言——他认为瞎马已经无用了，先是逐渐削减追风的粮食，随后将它从马厩中撵走。走投无路的瞎马在无意中拉响了广场上的大钟，引来了市民。大家在知道真相之后，都谴责追风的主人忘恩负义，监督他履行自己的诺言。

　　这则童话故事告诫我们：永远不要背叛自己的诺言，要学会知恩图报，做一个有信誉的人。